여행자를 위한
스페인어 회화

EL ESPAÑOL PARA LOS VIAJEROS

김 충 식 저

여행자를 위한
스페인어 회화

초판 인쇄 : 2007년 4월 10일
초판 발행 : 2007년 4월 15일
지은이 김충식 / 발행인 서덕일 / 발행처 도서출판 문예림
출판등록 1962년 7월 12일 제 2-110호
주소 : 서울 광진구 군자동 1-13 문예하우스 101호
전화 : 02-499-1281~2 / 팩스 : 02-499-1283
http://www.bookmoon.co.kr / E-mail : book1281@hanmail.net

· 잘못된 책은 구입하신 서점에서 교환하여 드립니다.

ISBN 978-89-7482-367-2 (13770)

▶ 여행자를 위한 스페인어 회화

::: 책머리에

　세계의 스물네 나라에서 국어로 사용되며, 중국어 다음으로 많이 사용되는 스페인어가 국내에서 정식으로 교육되기 시작한 지도 벌써 오십 년이 넘었다. 그동안 스페인어가 꽤 보급되어 스페인어를 구사할 줄 아는 한국인도 많지만, 아직 대부분의 한국인들에게는 스페인어가 낯설다. 특히 여행을 떠나는 여행객들에게는 더욱 그러한 것 같다.

　요즈음은 세계 어느 나라 건 우리가 가지 않는 곳이 없고, 스페인을 비롯하여 멀고먼 중남미까지도 여행하는 분들이 많은데, 여행지의 필수인 언어를 모르고 수박 겉 핥기 식으로 다녀와서야 되겠는가. 그래서 스페인이나 중남미를 여행하는 우리 여행자들이 언어로 인하여 생기는 불편을 조금이나마 해소할 수 있도록 이 소책자를 쓰게 되었다. 아무쪼록 이 「여행자를 위한 스페인어 회화」가 스페인어 사용국 여행자들의 길잡이가 되어 좋은 여행이 되기를 진심으로 바란다.

2007년 1월
김 충 식

::: 목차

여행 회화

기본회화

1. 처음 뵙겠습니다 _ 10
   Mucho gusto ………

2. 안녕하세요 _ 12
   Buenos días ……

3. 안녕히 계십시오/가십시오 _ 14
   ¡Adiós! …

4. 미안합니다 _ 16
   Lo siento …

5. 나는 한국인입니다 _ 18
   Yo soy coreano/coreana …

6. 그는 스페인 태생이다 _ 20
   El es de España …

7. 어디 가십니까? _ 22
   ¿A dónde va usted? …

8. 당신의 직업은 무엇입니까? _ 24
   ¿Qué profesión tiene usted? …

9. 성함이 어떻게 되십니까? _ 26
   ¿Cómo se llama usted? …

10. 지금 몇 시입니까? _ 28
    ¿Qué hora es ahora? …

	11	당신을 만나 뵙게 되어 반갑습니다 _ 30 Me alegro de verle a usted …
	12	(당신) 앉으십시오 _ 32 Siéntese, por favor …
	13	제 자신을 소개하겠습니다. _ 34 Voy a presentarme yo misma …
공항	**14**	바라하스 공항에 택시로 가다 _ 36 En taxi a Barajas …
	15	여권 검사소에서 _ 38 En el control de pasaporte …
	16	세관에서 _ 40 En la aduana …
	17	택시 안에서 _ 42 En el taxi …
교통수단	**18**	버스 터미널은 어디에 있습니까? _ 44 ¿Dónde está la terminal de autobuses? …
	19	가장 가까운 역은 어디에 있습니까? _ 46 ¿Dónde está la estación más cercana? …
	20	어디서 차를 빌릴 수 있습니까? _ 48 ¿Dónde se puede alquilar un coche? …
	21	내 차가 고장났다. _ 50 Se me ha descompuesto el coche
숙박	**22**	호텔 프런트에서 _ 52 En la recepción del hotel …
	23	김이 안내소에 전화를 건다 _ 56 Kim llama a la información …

24 김이 루이스에게 전화를 건다 _ 58
Kim llama a Luis …

식당 **25** 식당에서 _ 60
En el restaurante …

26 식당에서 간식을 들면서 _ 62
Merendando en el restaurante …

27 카페에서 _ 64
En el café …

28 나는 너와 저녁을 먹을 수 없다 _ 68
No puedo cenar contigo …

관광 **29** 날씨에 대해 말하다 _ 70
Hablan del tiempo …

30 안내소에서 _ 72
En Informaciones …

31 매표소에서 _ 74
En la taquilla …

32 짐꾼과 함께 열차에 가다 _ 76
Al tren con el mozo …

33 이 카메라용 필름 한 통 주세요. _ 78
Quiero un rollo para esta cámara …

34 똘레도에서 _ 80
En Toledo …

35 세비야에서 _ 84
En Sevilla …

36 굉장히 운이 좋군! _ 88
¡Qué suerte! …

쇼핑		
	37	구경을 하고 있는 중입니다 _ 90 Doy una vuelta …
	38	이것은 무엇으로 만들어졌습니까? _ 92 ¿De qué está hecho esto? …
	39	백화점에서 _ 94 En los grandes almacenes …
	40	양화점에서 _ 98 En la zapatería …
	41	내게 잘 맞지 않는다. _ 102 No me queda bien …
	42	천은 무슨 색입니까? _ 104 ¿De qué color es la tela? …
	43	미장원에서 _ 106 En la peluquería …
	44	담배가게에서 _ 108 En el estanco …
	45	식료품점에서 _ 112 En la tienda de comestibles …
	46	과일가게에서 _ 116 En la frutería …
	47	주유소에서 _ 120 En la gasolinera …
	48	굉장히 비싸군요 _ 124 ¡Qué caro! …
	49	우리는 모두 여섯 명입니다. _ 126 Somos seis en total …

| 은행·통신 | **50** 은행은 몇 시에 문을 엽니까? _ 128
¿A qué hora se abren los bancos? …

51 전화를 사용할 수 있을까요? _ 130
¿Se podría usar el teléfono?

| 병원 | **52** 의사를 불러 주시겠습니까? _ 132
¿Podría llamar a un médico, por favor? …

53 치과 병원에서 _ 134
En la clínica dental …

54 나는 잠을 잘 수 없습니다. _ 136
No puedo dormir …

55 나는 처방전이 필요하다. _ 138
Necesito una receta …

| 긴급사항 | **56** 나는 길을 잃었습니다 _ 140
Me he perdido …

57 경찰서에서 _ 144
En la comisaría …

부 록

한서 – 서한/서한 – 한서 단어집 _ 148

여행자를 위한
스페인어 회화
EL ESPAÑOL PARA LOS VIAJEROS

기본회화

1. 처음 뵙겠습니다.
Mucho gusto.
무초 구스또

처음 뵙겠습니다.
Mucho gusto.
  무초   구스또
Mucho gusto en conocerle.
  무초   구스또 엔 꼬노쎄를레
Encantado. / Encantada.
엥깐따도(남자) / 엥깐따다(여자)

저야 말로 (처음 뵙겠습니다).
El gusto es mío.
엘 구스또 에스 미오

김 갑동이라 합니다.
Me llamo Kim Gab Dong.
 메 야모 김 갑 동

한국에서 왔습니다.
Soy de Corea.
소이 데 꼬레아

저는 한국인입니다.
Yo soy coreano.
요 소이 꼬레아노

뵙게 되어 정말 반가웠습니다.
Muchísimo gusto.
무치씨모 구스또

단어 공부

conocer 꼬노쎄르	알다	Me llamo 메 야모	내 이름은 ~입니다
Corea 꼬레아	한국	mío 미오	내것
coreano 꼬레아노	한국인	muchísimo 무치씨모	매우 많은
de 데	~의, ~에서	mucho 무초	많은
Encantado 엥깐따도	처음 뵙겠습니다	ser de 세르 데	~에서 왔다, 태생이다
el gusto 엘 구스또	기쁨	soy 소이	(나는) 이다
le 레	당신을	yo 요	나(는)

2 안녕하세요.
Buenos días.
부에노스 디아스

안녕하세요. (오전 인사)
Buenos días.
부에노스 디아스

안녕하세요. (오후 인사)
Buenas tardes.
부에나스 따르데스

안녕하세요. (저녁·밤인사)
Buenas noches.
부에나스 노체스

(아이구) 안녕하세요. (오전, 정중한 인사)
Muy buenos días.
무이 부에노스 디아스

(아이구) 안녕하세요. (오후, 정중한 인사)
Muy buenas tardes.
무이 부에나스 따르데스

(아이구) 안녕하세요. (저녁 · 밤, 정중한 인사)
Muy buenas noches.
무이 부에나스 노체스

어떻게 지내십니까?
¿Cómo está usted?
꼬모 에스따 우스뗃

덕분에 잘 있습니다. 그런데 당신은?
Bien, gracias. ¿Y usted?
비엔 그라씨아스 이 우스뗃.

덕분에 저도 잘 있습니다.
Bien también, gracias.
비엔 땀비엔 그라씨아스

기본회화

단어 공부

bien 비엔	잘	**gracias** 그라씨아스	감사합니다.
bueno 부에노	좋은	**muy** 무이	매우
cómo 꼬모	어떻게	**la noche** 라 노체	밤
el día 엘 디아	날, 하루, 낮	**la tarde** 라 따르데	오후
está 에스따	있다	**también** 땀비엔	역시, 또한

안녕히 계십시오/가십시오
¡Adiós!
아디오스

안녕히 계십시오/가십시오.
¡Adiós!
아디오스

안녕히 가십시오
Vaya con Dios.
바야 꼰 디오스

잘 가십시오.
Que vaya bien.
께 바야 비엔

나중에 봅시다.
Hasta luego.
아스따 루에고

또 만납시다.
Hasta la vista.
아스따 라 비스따

곧 또 봅시다
Hasta pronto.
아스따   쁘론또

내일 만납시다.
Hasta mañana.
아스따   마냐나

기본회화

단어 공부

adiós 아디오스	안녕	**luego** 루에고	나중에
bien 비엔	잘	**mañana** 마냐나	내일
con 꼰	함께	**pronto** 쁘론또	곧, 빨리
Dios 디오스	신, 하느님, 하나님	**vaya** 바야	가십시오
hasta 아스따	까지, 만납시다	**la vista** 라 비스따	만남, 봄.

4 미안합니다.
Lo siento.
로 씨엔또

미안합니다.
Lo siento.
로 씨엔또

대단히 미안합니다.
Lo siento mucho.
로 씨엔또 무초

정말 미안합니다.
¡Cuánto lo siento!
꾸안또 로 씨엔또

정말 미안합니다.
No sabe cuánto lo siento.
노 사베 꾸안또 로 씨엔또

기다리게 해서 미안합니다.
Lo siento haberle hecho esperar.
로 씨엔또 아베를레 에초 에스뻬라르

폐를 끼쳐 대단히 미안합니다.
Siento mucho molestarle a usted.
씨엔또 무초 몰레스따를레 아 우스뗄

천만에요.
No importa.
노 임뽀르따

단어 공부

cuánto 꾸안또	얼마나	**lo** 로	그것을
esperar 에스뻬라르	기다리다	**molestar** 몰레스따르	폐를 끼치다
hacer 아쎄르	하다	**mucho** 무초	많이
importar 임뽀르따르	관계가 있다	**siento** 씨엔또	나는 미안하다
le 레	당신을	**no sabe** 노 사베	당신은 모른다

나는 한국인입니다.
Yo soy coreano/coreana.
요 소이 꼬레아노/꼬레아나

나는 한국 남자(여자)입니다.
Yo soy coreano(na).
요 소이 꼬레아노(나).

너는 한국 남자(여자)다.
Tú eres coreano(na).
뚜 에레스 꼬레아노(나)

당신은 한국 남자(여자)이다.
Usted es coreano(na).
우스뗃 에스 꼬레아노(나)

우리는 한국 사람들이다.
Nosotros somos coreanos.
노소뜨로스 소모스 꼬레아노스

너희들은 한국 사람들이다.
Vosotros sois coreanos.
보소뜨로스 소이스 꼬레아노스

당신들은 한국 사람들이다.
Ustedes son coreanos.
우스떼데스 손 꼬레아노스

그녀들은 한국 여자들이다.
Ellas son coreanas.
에야스 손 꼬레아나스

그들은 한국 사람들이다.
Ellos son coreanos.
에요스 손 꼬레아노스

단어 공부

el coreano 엘 꼬레아노	한국 남자	nosotros 노소뜨로스	우리들
la coreana 라 꼬레아나	한국 여자	vosotros 보소뜨로스	너희들
yo 요	나	ustedes 우스떼데스	당신들
tú 뚜	너, 자네, 당신	ellas 에야스	그 여자들
usted 우스뗃	당신, 귀하	ellos 에요스	그들

그는 스페인 태생이다.
El es de España.
엘 에스 데 에스빠냐

그는 스페인 태생이다.
El es de España.
엘 에스 데 에스빠냐

그녀는 스페인 태생이다.
Ella es de España.
에야 에스 데 에스빠냐

당신은 스페인 태생이다.
Usted es de España.
우스뗃 에스 데 에스빠냐

당신들은 스페인 태생이다.
Ustedes son de España.
우스떼데스 손 데 에스빠냐

그들은 스페인 태생이다.
Ellos son de España.
에요스 손 데 에스빠냐

너는 스페인 태생이 아니다.
Tú no eres de España.
뚜 노 에레스 데 에스빠냐

너희들은 스페인 태생이 아니다.
Vosotros no sois de España.
보소뜨로스 노 소이스 데 에스빠냐

우리들은 스페인 태생이 아니다.
Nosotros no somos de España.
노소뜨로스 노 소모스 데 에스빠냐

기본회화

단어 공부

de 데	의, 로부터	tú 뚜	너
él 엘	그, 그 사람	usted 우스뗃	당신
ella 에야	그녀	ustedes 우스떼데스	당신들
ellos 에요스	그들	vosotros 보소뜨로스	너희들
España 에스빠냐	스페인	nosotros 노소뜨로스	우리들

 ## 어디 가십니까?
¿A dónde va usted?
아 돈데 바 우스뗄

당신은 어디 가십니까?
¿A dónde va usted?
아 돈데 바 우스뗄

나는 집에 갑니다.
Yo voy a casa.
요 보이 아 까사

나는 시장에 갑니다.
Yo voy al mercado.
요 보이 알 메르까도

나는 쇼핑 갑니다.
Yo voy de compras.
요 보이 데 꼼쁘라스

나는 여행 갑니다.
Yo voy de viaje.
요 보이 데 비아헤

나는 공항에 갑니다.
Yo voy al aeropuerto.
요 보이 알 아에로뿌에르또

나는 약국에 갑니다.
Yo voy a la farmacia.
요 보이 알 라 파르마씨아

나는 병원에 갑니다.
Yo voy al hospital.
요 보이 알 오스삐딸

단어 공부

a 아	~에, 로	el hospital 엘 오스삐딸	병원
¿A dónde? 아 돈데	어디에	ir 이르	가다
el aeropuerto 엘 아에로뿌에르또	공항	el mercado 엘 메르까도	시장
la casa 라 까사	집	el viaje 엘 비아헤	여행
la compra 라 꼼쁘라	매입	va 바	(당신은)간다
la farmacia 라 파르마씨아	약국	voy 보이	나는 간다

당신의 직업은 무엇입니까?
¿Qué profesión tiene usted?
께 쁘로페씨온 띠에네 우스뗄

당신의 직업은 무엇입니까?
¿Qué profesión tiene usted?
께 쁘로페씨온 띠에네 우스뗄

저는 변호사입니다.
Soy abogado/abogada.
소이 아보가도/아보가다

저는 의사입니다.
Soy médico/médica.
소이 메디꼬/메디까

저는 상인입니다.
Soy comerciante.
소이 꼬메르씨안떼

저는 교사입니다.
Soy profesor/profesora.
소이 쁘로페소르/쁘로페소라

저는 간호사입니다.
Soy enfermera.
소이 엠페르메라

저는 주부입니다.
Soy ama de casa.
소이 아마 데 까사

저는 학생입니다.
Soy estudiante.
소이 에스뚜디안떼

단어 공부

el ama de casa 엘 아마 데 까사	주부	el estudiante 엘 에스뚜디안떼	학생(남)
la abogada 라 아보가다	변호사(여)	la médica 라 메디까	의사(여)
el abogado 엘 아보가도	변호사(남)	el médico 엘 메디꼬	의사(남)
el comerciante 엘 꼬메르씨안떼	상인(남)	la profesión 라 쁘로페씨온	직업
la comerciante 라 꼬메르씨안떼	상인(여)	el profesor 엘 쁘로페소르	선생(남)
la enfermera 라 엠페르메라	간호사	la profesora 라 쁘로페소라	선생(여)
la estudiante 라 에스뚜디안떼	학생(여)	qué 께	무슨

9 성함이 어떻게 되십니까?
¿Cómo se llama usted?
꼬모 세 야마 우스뗄

성함이 어떻게 되십니까?
¿Cómo se llama usted?
꼬모 세 야마 우스뗄

제 이름은 김만수입니다.
Me llamo Kim Man Su.
메 야모 김 만 수

네 이름은 뭐냐?
¿Cómo te llamas?
꼬모 떼 야마스

제 이름은 김만복입니다.
Me llamo Kim Man Bok.
메 야모 김 만 복

그의 이름은 무엇이냐?
¿Cómo se llama él?
꼬모 세 야마 엘

그의 이름은 강태공입니다.
Se llama Gang Tae Gong.
세 야마 강 태 공

그녀의 이름은 무엇이냐?
¿Cómo se llama ella?
꼬모 세 야마 에야

그녀의 이름은 석길순입니다.
Se llama Seok Guil Sun.
세 야마 석 길 순

기본회화

단어 공부

cómo 꼬모	어떻게	**se llama** 세 야마	그[그녀·당신]의 이름은 ~이다
me llamo 메 야모	내 이름은 ~이다	**te llama** 떼 야마	네 이름은 ~이다

지금 몇 시입니까?
¿Qué hora es ahora?
께 오라 에스 아오라

지금 몇 시입니까?
¿Qué hora es ahora?
께 오라 에스 아오라

새벽 4시 반입니다.
Son las cuatro y media de la madrugada.
손 라스 꾸아뜨로 이 메디아 델 라 마드루가다

오전 9시입니다.
Son las nueve de la mañana.
손 라스 누에베 델 라 마냐나

정오입니다.
Es mediodía.
에스 메디오디아

오후 3시 15분입니다.
Son las tres y cuarto de la tarde.
손 라스 뜨레스 이 꾸아르또 델 라 따르데

밤 11시 10분 전입니다.
Son las once menos diez de la noche.
손 라스 온쎄 메노스 디에스 델 라 노체

자정입니다.
Es medianoche.
에스 메디아노체

정각 12시입니다.
Son las doce en punto.
손 라스 도쎄 엔 뿐또

단어 공부

ahora 아오라	지금	la medianoche 라 메디아노체	자정
la hora 라 오라	시(時)	el mediodia 엘 메디오디아	정오
la madrugada 라 마드루가다	새벽	la noche 라 노체	밤
la mañana 라 마냐나	오전	la tarde 라 따르데	오후
media 메디아	30분	en punto 엔 뿐또	정각

11. 당신을 만나 뵙게 되어 기쁩니다.
Me alegro de verle a usted.
메 알레그로 데 베를레 아 우스뗃

당신을 만나 뵙게 되어 기쁩니다.
Me alegro de verle a usted.
메 알레그로 데 베를레 아 우스뗃

당신을 만나 뵙게 되어 무척 기쁩니다.
Me alegro mucho de verle a usted.
메 알레그로 무초 데 베를레 아 우스뗃

너를 만나게 되어 기쁘다.
Me alegro de verte.
메 알레그로 데 베르떼

너를 만나게 되어 무척 기쁘다.
Me alegro mucho de verte.
메 알레그로 무초 데 베르떼

당신을 뵙게 되면 기쁘겠습니다.
Me alegraré de verle a usted.
메 알레그라레 데 베를레 아 우스뗃

너를 만나면 기쁘겠다.
Me alegraré de verte.
메 알레그라레 데 베르떼

부인을 만나 뵙게 되어 무척 기뻤습니다.
Me alegré mucho de verla a usted.
메 알레그레 무초 데 베를라 아 우스뗃

단어 공부

alegrarse 알레그라르세	기쁘다, 반갑다	mucho 무초	무척, 매우, 많이
la 라	당신을 (여)	te 떼	너를
le 레	당신을 (남)	ver 베르	만나다, 보다

기본회화

(당신) 앉으십시오.
Siéntese, por favor.
씨엔떼세 뽀르 파보르

(당신) 앉으십시오.
Siéntese, por favor.
씨엔떼세 뽀르 파보르

(너) 앉아라.
Siéntate.
씨엔따떼

(당신들) 앉으십시오.
Siéntense, por favor.
씨엔뗀세 뽀르 파보르

(너희들) 앉아라.
Sentaos.
센따오스

(우리) 앉읍시다.
Sentémonos.
센떼모노스

(너) 앉지 마라.
No te sientes.
노 떼 씨엔떼스

(너희들) 앉지 마라.
No os sentéis.
노 오스 센떼이스

(당신들) 앉지 마십시오.
No se sienten.
노 세 씨엔뗀

(우리) 앉지 맙시다.
No nos sentemos.
노 노스 센떼모스

단어 공부

| por favor 뽀르 파보르 | 제발, 부탁합니다 | sentarse 센따르세 | 앉다 |

13 제 자신을 소개하겠습니다.
Voy a presentarme yo misma.
보이 아 쁘레센따르메   요 미스마

제 자신을 소개하겠습니다.
Voy a presentarme yo misma.
보이 아 쁘레센따르메   요 미스마

제 이름은 루이사 김 이 입니다.
Me llamo Luisa Kim Lee.
메   야모   루이사 김   이

저는 한국 서울에서 나서 자랐습니다.
Nací y me crié en Seúl, Corea.
나씨 이 메 끄리에 엔 세울   꼬레아

나는 그곳에서 작년까지 살았습니다.
Viví allí hasta el año pasado.
비비 아이 아스따 엘 아뇨   빠사도

나는 스페인 생활이 마음에 듭니다.
Me gusta la vida española.
메 구스따 라 비다   에스빠뇰라

내 제일 큰 걱정은 언어입니다.
Mi mayor preocupación es la lengua.
미 마요르   쁘레오꾸빠시온   에스 라   렝구아

아직도 나는 스페인어가 서툽니다.
Todavía hablo el español pobre.
또다비아   아블로   엘   에스빠뇰   뽀브레

단어 공부

el año 엘 아뇨	연, 해	mismo 미스모	자신
el año pasado 엘 아뇨 빠사도	작년	nacer 나쎄르	태어나다
criarse 끄리아르세	자라다	pasado 빠사도	지난
la lengua 라 렝구아	언어	pobre 뽀브레	서툰
llamarse 야마르세	이름이 …이다	la preocupación 라 쁘레오꾸빠씨온	걱정
el mayor 엘 마요르	가장 큰	presentar 쁘레센따르	소개하다

기본회화

35

공항에서

14. 바라하스 공항에 택시로 가다
En taxi a Barajas
엔 딱씨 아 바라하스

선생님, 공항에 가십니까?
¿Va usted al aeropuerto?
바 우스뗃 알 아에로뿌에르또

예, 공항에 갑니다.
내 아내가 비행기로 도착합니다.
Sí, voy al aeropuerto.
씨 보이 알 아에로뿌에르또
Mi mujer llega en avión.
미 무헤르 예가 엔 아비온

부인은 어디 사십니까?
¿Dónde vive su señora?
돈데 비베 수 세뇨라

내 아내는 한국, 서울에 삽니다.
Mi esposa vive en Seúl, Corea.
미 에스뽀사 비베 엔 세울 꼬레아

마드리드에 얼마나 계실 겁니까?
¿Cuánto tiempo va a estar en Madrid?
꾸안또 띠엠뽀 바 아 에스따르 엔 마드릳

마드리드에 3개월 있을 겁니다.
Va a estar en Madrid tres meses.
바 아 에스따르 엔 마드릳 뜨레스 메세스

단어 공부

el aeropuerto 엘 아에로뿌에르또	공항	**llegar** 예가르	도착하다
el avión 엘 아비온	비행기	**la mujer** 라 무헤르	여자, 아내
cuánto 꾸안또	얼마나 많은	**la señora** 라 세뇨라	부인, 여사
dónde 돈데	어디	**el taxi** 엘 딱시	택시
la esposa 라 에스뽀사	아내	**el tiempo** 엘 띠엠뽀	시간
estar 에스따르	있다	**usted** 우스뗃	당신, 선생님
ir 이르	가다	**vivir** 비비르	살다

공항에서

15. 여권 검사소에서

En el control de pasaportes
엔 엘 꼰뜨롤 데 빠사뽀르떼스

아가씨, 여권을 보여 주세요.
Pasaporte, por favor, señorita.
빠사뽀르떼 뽀르 파보르 세뇨리따

제 여권 여기 있습니다.
Aquí tiene mi pasaporte.
아끼 띠에네 미 빠사뽀르떼

스페인에서 얼마 동안이나 계실 겁니까?
¿Cuánto tiempo va a estar en España?
꾸안또 띠엠뽀 바 아 에스따르 엔 에스빠냐

3개월 있을 겁니다.
Tres meses.
뜨레스 메세스

일주일 있을 겁니다.
Ocho días.
오초 디아스

됐습니다. 감사합니다.
Está bien. Gracias.
에스따 비엔   그라씨아스

천만에요. 안녕히 계세요.
De nada. Adiós.
데 나다   아디오스

단어 공부

Adiós 아디오스	안녕히 가세요/계세요	**estar** 에스따르	있다
aquí 아끼	여기	**Gracias** 그라씨아스	감사합니다
el control 엘 꼰뜨롤	검사, 통제	**ocho** 오초	8
cuánto 꾸안또	얼마나 많은	**el pasaporte** 엘 빠사뽀르떼	여권
De nada 데 나다	천만에요	**la señorita** 라 세뇨리따	아가씨, 양
el día 엘 디아	날, 낮, 하루	**el tiempo** 엘 띠엠뽀	시간
España 에스빠냐	스페인	**tres meses** 뜨레스 메세스	3개월

공항에서

16 세관에서
En la aduana
엔 라 아두아나

아가씨, 여행 가방은 몇 개입니까?
¿Cuántas maletas tiene usted, señorita?
꾸안따스 말레따스 띠에네 우스뗃 세뇨리따

큰 가방 하나와 작은 것 두 개와 손가방 셋입니다.
Tengo una maleta grande, dos pequeñas
뗑고 우나 말레따 그란데 도스 뻬꼐냐스
y tres bolsos de mano.
이 뜨레스 볼소스 데 마노

신고할 것은 있습니까?
¿Tiene usted algo que declarar?
띠에네 우스뗃 알고 께 데끌라라르

없습니다. 컴퓨터 한 대 뿐입니다.
No, señor. Sólo tengo un ordenador.
노 세뇨르 솔로 뗑고 운 오르데나도르

됐습니다. 감사합니다. 안녕히 가세요.
Bien. Gracias. Adiós.
비엔 그라씨아스 아디오스

천만에요. 안녕히 계십시오.
No hay de qué. Adiós.
노 아이 데 께 아디오스

단어 공부

la aduana 라 아두아나	세관	algo 알고	어떤 것, 무엇
la maleta 라 말레따	여행 가방	declarar 데끌라라르	신고하다
grande 그란데	큰	sólo 솔로	단지, 오직, 뿐
pequeño 뻬께뇨	작은	el ordenador 엘 오르데나도르	컴퓨터
el bolso 엘 볼소	핸드백	tengo 뗑고	나는 가지고 있다
la mano 라 마노	손	tiene 띠에네	그(그녀·당신)는 가지고 있다

택시 안에서
En el taxi
엔 엘 딱씨

택시, 택시!
¡Taxi, Taxi!
딱시 딱시

어디 가십니까, 선생님?
Diga, señor.
디가 세뇨르

쁠라사 센뜨랄 호텔 부탁합니다.
Hotel Plaza Central, por favor.
오뗄 쁠라사 쎈뜨랄 뽀르 파보르

알았습니다, 선생님. 가방을 넣겠습니다.
Muy bien, señor. Voy a poner el equipaje.
무이 비엔 세뇨르 보이 아 뽀네르 엘 에끼빠헤

쁠라사 센뜨랄 호텔 다 왔습니다.
Aquí estamos. Hotel Plaza Central.
아끼 에스따모스 오뗄 쁠라사 쎈뜨랄

여기 있습니다. 그리고 팁으로 3유로 더.
Aquí tiene, y tres euros más de propina.
아끼 띠에네 이 뜨레스 에우로스 마스 데 쁘로삐나

대단히 고맙습니다, 선생님. 안녕히 가세요.
Muchas gracias, señor. Adiós.
무차스 그라씨아스 세뇨르 아디오스

공항에서

단어 공부

el taxi 엘 딱씨	택시	poner 뽀네르	놓다, 넣다
Diga 디가	말씀하세요	el equipaje 엘 에끼빠헤	짐
el hotel 엘 오뗄	호텔	el euro 엘 에우로	에우로, 유로
la plaza 라 쁠라싸	광장	más 마스	더, 더 많은
central 쎈뜨랄	중앙의	la propina 라 쁘로삐나	팁

교통수단

18. 버스 터미널은 어디에 있습니까?
¿Dónde está la terminal de autobuses?
돈데 에스따 라 떼르미날 데 아우또부세스

버스 터미널은 어디에 있습니까?
¿Dónde está la terminal de autobuses?
돈데 에스따 라 떼르미날 데 아우또부세스

버스 터미널은 어디로 가면 됩니까?
¿Por dónde se va a la terminal de autobuses?
뽀르 돈데 세 바 아 라 떼르미날 데 아우또부세스

첫 버스는 몇 시에 있습니까?
¿A qué hora sale el primer autobús?
아 께 오라 살레 엘 쁘리메르 아우또부스

마지막 버스는 몇 시에 있습니까?
¿A qué hora sale el último autobús?
아 께 오라 살레 엘 울띠모 아우또부스

다음 버스는 몇 시에 있습니까?
¿A qué hora sale el próximo autobús?
아 께 오라 살레 엘 쁘록씨모 아우또부스

이 버스는 그라나다에 갑니까?
¿Este autobús va a Granada?
에스떼 아우또부스 바 아 그라나다

똘레도 가는 버스는 어떤 것입니까?
¿Cuál es el autobús que va a Toledo?
꾸알 에스 엘 아우또부스 께 바 아 똘레도

교통수단

단어 공부

el autobús 엘 아우또부스	버스	la terminal 라 떼르미날	터미널
primer 쁘리메르	첫	último 울띠모	마지막의
próximo 쁘록씨모	다음의	que va a 께 바 아	…에 가는

19 가장 가까운 역은 어디에 있습니까?
¿Dónde está la estación más cercana?
돈데 에스따 라 에스따씨온 마스 쎄르까나

가장 가까운 역은 어디에 있습니까?
¿Dónde está la estación más cercana?
돈데 에스따 라 에스따씨온 마스 쎄르까나

마드리드 행 열차입니까?
¿Es el tren para Madrid?
에스엘 뜨렌 빠라 마드릳

열차를 갈아타야 합니까?
¿Tengo que cambiar de tren?
뗑고 께 깜비아르 데 뜨렌

침대 칸 한 장 부탁합니다.
Un coche dormitorio, por favor.
운 꼬체 도르미또리오 뽀르 파보르

이곳은 무슨 역입니까?
¿Qué estación es ésta?
께 에스따씨온 에스 에스따

다음 역은 어디입니까?
¿Cuál es la próxima estación?
꾸알 에스라 쁘록씨마 에스따시온

레온행 열차는 몇 번 플랫폼에서 있습니까?
¿En qué andén sale el tren para León?
엔 께 안덴 살레 엘 뜨렌 빠라 레온

교통수단

단어 공부

cambiar 깜비아르	갈아타다	**la estación** 라 에스따씨온	역
cercano 쎄르까노	가까운	**el tren** 엘 뜨렌	기차, 열차

20 어디서 차를 빌릴 수 있습니까?
¿Dónde se puede alquilar un coche?
돈데 세 뿌에데 알낄라르 운 꼬체

어디서 차를 빌릴 수 있습니까?
¿Dónde se puede alquilar un coche?
돈데 세 뿌에데 알낄라르 운 꼬체
¿Dónde puedo alquilar un coche?
돈데 뿌에도 알낄라르 운 꼬체

하루에 얼마입니까?
¿Cuánto cuesta diariamente?
꾸안또 꾸에스따 디아리아멘떼

일주일에 얼마입니까?
¿Cuánto vale por semana?
꾸안또 발레 뽀르 세마나

한 달에 얼마입니까?
¿Cuánto es por mes?
꾸안또 에스 뽀르 메스

보험은 포함되어 있습니까?
¿Está incluido el seguro?
에스따 잉끌루이도 엘 세구로

물론 포함되어 있습니다.
Claro que está incluido.
끌라로 께 에스따 잉끌루이도

교통수단

단어 공부

alquilar 알낄라르	빌리다	incluido 잉끌루이도	포함된
claro que 끌라로 께	물론 …이다	el mes 엘 메스	달
el coche 엘 꼬체	자동차	el seguro 엘 세구로	보험
costar 꼬스따르	값이 …이다	la semana 라 세마나	주
diariamente 디아리아멘떼	하루에	valer 발레르	값이 …이다

21 내 차가 고장났다.
Se me ha descompuesto el coche.
세 메 아 데스꼼뿌에스또 엘 꼬체

내 차가 고장났다.
Se me ha descompuesto el coche.
세 메 아 데스꼼뿌에스또 엘 꼬체

배터리가 나갔다.
La batería está descargada.
라 바떼리아 에스따 데스까르가다

타이어가 펑크났다.
Se me pinchó un neumático.
세 메 삔초 운 네우마띠꼬

과열(過熱)입니다.
Está recalentándose.
에스따 뢰깔렌딴도세

제일 가까운 주유소는 어디 있습니까?
¿Dónde está la gasolinera más cercana?
돈데 에스따 라 가솔리네라 마스 쎄르까나

오일과 물을 체크해 주십시오.
Revise el nivel de aceite y de agua.
뢰비세 엘 니벨 데 아쎄이떼이 데 아구아

이 도로가 세비야로 갑니까?
¿Se va a Sevilla esta carretera?
세 바 아 세비야 에스따 까뢰떼라

교통수단

단어 공부

el aceite 엘 아쎄이떼	기름, 오일	la gasolinera 라 가솔리네라	주유소
el agua 엘 아구아	물	el neumático 엘 네우마띠꼬	타이어
la batería 라 바떼리아	배터리	el nivel 엘 니벨	수준
la carretera 라 까뢰떼라	도로	pincharse 삔차르세	펑크나다
descargado 데스까르가도	방전된	recalentarse 뢰깔렌따르세	과열되다
descomponerse 데스꼼뽀네르세	고장나다	revisar 뢰비사르	점검하다

숙박

22 호텔 프런트에서
En la recepción del hotel
엔 라 뢰쎕씨온 델 오뗄

안녕하세요, 아가씨. 빈방 있습니까?
Buenas tardes, señorita.
부에나스 따르데스 세뇨리따
¿Tienen ustedes una habitación libre?
띠에넨 우스떼데스 우나 아비따씨온 리브레

예, 빈방 있습니다.
Sí, tenemos habitaciones libres.
씨 떼네모스 아비따씨오네스 리브레스

욕실이 있습니까?
¿Tiene cuarto de baño?
띠에네 꾸아르또 데 바뇨

물론입니다.
Por supuesto.
뽀르 수뿌에스또

방값에 아침밥은 포함되어 있나요?
¿Está incluido el desayuno en el precio
에스따 잉끌루이도 엘 데사유노 엔 엘 쁘레씨오
de la habitación?
델 라 아비따씨온

아닙니다. 포함되어 있지 않습니다.
No, no está incluido.
노 노 에스따 잉끌루이도

몇 호실입니까?
¿Qué número es?
께 누메로 에스

99호실입니다.
Es el número noventa y nueve.
에스 엘 누메로 노벤따 이 누에베

9층에 있습니다.
Está en el octavo piso.
에스따 엔 엘 옥따보 삐소

됐습니다. 감사합니다.
Muy bien. Gracias.
무이 비엔 그라씨아스

여권을 가지고 계십니까?
¿Tiene usted su pasaporte?
띠에네 우스뗃 수 빠사뽀르떼

물론입니다. 여기 있습니다. 더 있습니까?
Desde luego. Tenga. ¿Algo más?
데스데 루에고 뗑가 알고 마스

없습니다. 열쇠 여기 있습니다.
No, gracias. Aquí tiene la llave.
노 그라씨아스 아끼 띠에네 라 야베

대단히 고맙습니다.
Muchas gracias.
무차스 그라씨아스

어서 오십시오, 손님.
Muy buenos días, señor.
무이 부에노스 디아스 세뇨르

1인용 방을 하나 원합니다만.
Quisiera una habitación individual.
끼씨에라 우나 아비따씨온 인디비두알

며칠이나 묵으실 겁니까?
¿Cuántos días necesita usted?
꾸안또스 디아스 네쎄씨따 우스뗃

1주일 묵으렵니다.
Siete noches.
씨에떼 노체스

하루에 얼마입니까?
¿Cuánto cuesta al día?
꾸안또 꾸에스따 알 디아

40 에우로입니다.
Cuarenta euros.
꾸아렌따 에우로스

더 싼 방을 원합니다.
Quiero la habitación más barata.
끼에로 라 이비따씨온 마스 바라따

단어 공부

el baño 엘 바뇨	목욕	necesitar 네쎄씨따르	필요하다
el cuarto 엘 꾸아르또	방	el número 엘 누메로	호실, 번호
el desayuno 엘 데사유노	아침밥	octavo 옥따보	여덟 번째의
la habitación 라 아비따씨온	방	el pasaporte 엘 빠사뽀르떼	여권
individual 인디비두알	1인용의	el piso 엘 삐소	층
libre 리브레	빈	el precio 엘 쁘레씨오	가격
la llave 라 야베	열쇠	la recepción 라 뢰쎕씨온	(호텔의) 프런트

숙박

23. 김이 안내소에 전화를 건다.
Kim llama a información.
낌 야마 아 임포르마씨온

안내소입니다. 말씀하세요.
Información. Dígame.
임포르마씨온 디가메

아가씨, 서울에 전화를 걸었으면 합니다만.
Señorita, quisiera hacer una llamada a Seúl.
세뇨리따 끼씨에라 아쎄르 우나 야마다 아 세울

제가 어떻게 해야 합니까?
¿Puede decirme qué tengo que hacer?
뿌에데 데씨르메 께 뗑고 께 아쎄르

몇 번에 거실 겁니까?
¿Qué número quiere?
께 누메로 끼에레

547국에 7757입니다.
El 547-7757.
엘 씽꼬 꾸아뜨로 씨에떼 씨에떼 씨에떼 씽꼬 씨에떼

처음에 91번을 돌리시고
Marque primero el número 91
마르께   쁘리메로   엘   누메로   노벤따 이 우노

계속해서 말씀하신 번호를 돌리세요.
y a continuación el número que ha dicho.
이아   꼰띠누아씨온   엘   누메로   께 아 디초

숙박

단어 공부

la continuación 라 꼰띠누아씨온	계속	llamar 야마르	전화하다
hacer 아쎄르	하다	marcar 마르까르	돌리다
la información 라 임포르마씨온	안내소	el número 엘 누메로	번, 번호
la llamada 라 야마다	호출, 전화	quisiera 끼씨에라	…하고 싶다

57

24 김이 루이스에게 전화 건다.
Kim llama a Luis.
킴 야마 아 루이스

여보세요.
Dígame.
디가메

247-76-82 번입니까?
¿Es el 247-76-82?
에스 엘 도스 꾸아뜨로 씨에떼 씨에떼 세이스 오초 도스

그렇습니다. 누굴 찾으십니까?
Así es. ¿Qué desea?
아씨 에스 께 데세아

루이스와 통화를 했으면 합니다만.
Quisiera hablar con Luis.
끼씨에라 아블라르 꼰 루이스

한국에서 온 그의 친구입니다.
Soy su amigo desde Corea.
소이 수 아미고 데스데 꼬레아

잠깐만 기다려 주십시오.
Espere un momento.
에스뻬레 운 모멘또

루이스, 너한테 전화 왔다.
Luis, hay una llamada para ti.
루이스 아이 우나 야마다 빠라 띠

숙박

단어 공부

Dígame 디가메	말씀하세요	**la llamada** 라 야마다	호출, 전화
desear 데세아르	원하다	**el momento** 엘 모멘또	잠깐
esperar 에스뻬라르	기다리다	**para** 빠라	에게
hablar 아블라르	말하다	**ti** 띠	너 (전치사 뒤에서)

59

식당

25 식당에서
En el restaurante
엔 엘 뢰스따우란떼

선생님, 무엇을 드시겠습니까?
¿Qué desea usted, señor?
께 데세아 우스뗃 세뇨르

메뉴를 부탁합니다.
Quiero ver el menú, por favor.
끼에로 베르 엘 메누 뽀르 파보르

오늘의 정식으로 하겠습니다.
Quiero el menú del día, por favor.
끼에로 엘 메누 델 디아 뽀르 파보르

너무 짜게 하지 마세요.
No demasiado salado, por favor.
노 데마씨아도 살라도 뽀르 파보르

너무 맵게 하지 마세요.
No demasiado picante, por favor.
노   데마씨아도   삐깐떼   뽀르 파보르

너무 찹니다.
Está demasiado frío.
에스따 데마씨아도   프리오

뜨겁지 않습니다.
No está caliente.
노 에스따 깔리엔떼

단어 공부

caliente 깔리엔떼	뜨거운	**el menú del día** 엘 메누 델 디아	오늘의 정식
demasiado 데마씨아도	너무	**picante** 삐깐떼	매운
frío 프리오	찬	**salado** 살라도	짠
el menú 엘 메누	메뉴	**ver** 베르	보다

식당

26. 식당에서 간식을 들면서
Merendando en el restaurante
메렌단도 엔 엘 뢔스따우란떼

손님들께서는 무엇을 드시겠습니까?
¿Qué deseaban, señoras?
께 데세아반 세뇨라스

레몬차 두 잔 부탁합니다.
Queríamos dos tés con limón, por favor.
께리아모스 도스 떼스 꼰 리몬 뽀르 파보르

작은 빵으로 하시겠어요 케이크로 하시겠어요?
¿Lo quieren con pastas o prefieren pasteles?
로 끼에렌 꼰 빠스따스 오 쁘레피에렌 빠스뗄레스

나는 파인애플 부침개 한 조각 주세요.
Yo quisiera un trozo de tarta de piña.
요 끼씨에라 운 뜨로쏘 데 따르따 데 삐냐

필요한 것은 다 사셨어요?
¿Has comprado ya todo lo que necesitabas?
아스 꼼쁘라도 야 또도 로 께 네쎄씨따바스

아직 모자 하나와 블라우스 몇 벌과
스웨터를 사야 합니다.

Aún tengo que comprar un sombrero,
아운 뗑고 께 꼼쁘라르 운 솜브레로

varias blusas y un suéter.
바리아스 블루사스 이 운 수에떼르

단어 공부

la blusa 라 블루사	블라우스	preferir 쁘레페리르	택하다
comprar 꼼쁘라르	사다	querer 께레르	원하다
el limón 엘 리몬	레몬	el sombrero 엘 솜브레로	모자
necesitar 네쎄씨따르	필요하다	el suéter 엘 수에떼르	스웨터
la pasta 라 빠스따	작은 빵	la tarta 라 따르따	부침개
el pastel 엘 빠스뗄	케이크	el té 엘 떼	차(茶)
la piña 라 삐냐	파인애플	el trozo 엘 뜨로쏘	조각

식당

카페에서

27 En el café
엔 엘 까페

선생님, 무얼 드시겠습니까?
¿Desea tomar algo, señor?
데세아 또마르 알고 세뇨르

예. 드라이 셰리와 올리브 주십시오.
Si. ¿Quiere traer un jerez seco
씨 끼에레 뜨라에르 운 헤레스 세꼬
y unas aceitunas, por favor?
이 우나스 아세이뚜나스 뽀르 파보르

금방 가져오겠습니다.
En seguida, señor.
엔 세기다 세뇨르

종업원, 계산서를 가져 오세요.
Camarero, ¿quiere traer la cuenta, por favor?
까마레로 끼에레 뜨라에르 라 꾸엔따 뽀르 파보르

예, 선생님. 여기 있습니다.
Sí, señor. Aquí tiene.
씨 세뇨르 아끼 띠에네

20 에우로 여기 있습니다.
Aquí están veinte euros.
아끼 에스딴 베인떼 에우로스

우리 무얼 마실까?
¿Qué tomamos?
께   또마모스

나는 적포도주를 들겠는데, 너는?
Yo voy a tomar un tinto. ¿Y tú?
요 보이 아 또마르 운 띤또   이 뚜

나는 맥주 한 잔 하겠어.
Yo quiero una cerveza.
요   끼에로 우나 쎄르베싸

이곳 맥주는 좋아.
Aquí la cerveza es buena.
아끼 라 쎄르베싸 에스 부에나

나는 맥주를 좋아하지 않아.
No me gusta la cerveza.
노 메 구스따 라 쎄르베싸

독일 사람들에게는 좋지.
Es buena para los alemanes.
에스 부에나 빠라 로스 알레마네스

우리 스페인 사람들은 포도주를 마신다.
Los españoles tomamos vino.
로스 에스빠뇰레스 또마모스 비노

어서 오십시오. 무얼 드시겠습니까?
Buenos días, ¿qué desea tomar?
부에노스 디아스 께 데세아 또마르

메뉴를 부탁합니다.
El menú, por favor.
엘 메뉴 뽀르 파보르

여기 있습니다.
Tenga usted.
떼가 우스뗃

백포도주 한 잔 부탁합니다.
Una copa de vino blanco, por favor.
우나 꼬빠 데 비노 블랑꼬 뽀르 파보르

선생님, 더 필요한 것은 없습니까?
¿Algo más, señor?
알고 마스 세뇨르

그것 뿐입니다.
Nada más.
나다 마스

종업원, 계산서를 부탁합니다.
Camarero, la cuenta, por favor.
까마레로 라 꾸엔따 뽀르 파보르

단어 공부

la aceituna 라 아쎄이뚜나	올리브	el español 엘 에스빠뇰	스페인 사람
el alemán 엘 알레만	독일 사람	el jerez seco 엘 헤레스 세꼬	드라이 셰리
algo 알고	무언가	el tinto 엘 띤또	적포도주
la cerveza 라 쎄르베싸	맥주	tomar 또마르	마시다
la copa 라 꼬빠	잔	traer 뜨라에르	가져오다
la cuenta 라 꾸엔따	계산서	el vino 엘 비노	포도주
desear 데세아르	원하다	el vino blanco 엘 비노 블랑꼬	백포도주

식당

28 나는 너와 저녁을 먹을 수 없다
No puedo cenar contigo.
노 뿌에도 쎄나르 꼰띠고

너희들 오늘 밤 저녁 먹으러 올 수 있니?
¿Podéis venir a cenar esta noche?
뽀데이스 베니르 아 쎄나르 에스따 노체

내 부모님들은 가실 수 있어.
Mis padres pueden ir.
미스 빠드레스 뿌에덴 이르

그럼 너는 못 오니?
Y tú, ¿no vienes?
이 뚜 노 비에네스

응, 나는 갈 수 없어.
No, yo no puedo ir.
노 요 노 뿌에도 이르

불가능해.
Es imposible.
에스 임뽀씨블레

왜 올 수 없니?
¿Por qué no puedes?
뽀르 께 노 뿌에데스

난 텔레비전을 보아야 하기 때문이야.
Porque tengo que mirar la televisión.
뽀르께 뗑고 께 미라를 라 뗄레비씨온

단어 공부

cenar 쎄나르	저녁 먹다	los padres 로스 빠드레스	부모님
contigo 꼰띠고	너와 함께	¿por qué? 뽀르 께	왜?
esta 에스따	이	puedo 뿌에도	나는 할 수 있다
imposible 임뽀씨블레	불가능한	la televisión 라 뗄레비씨온	텔레비전
ir 이르	가다	tener que 떼네르 께	해야 한다
mirar 미라르	바라보다	venir 베니르	오다
la noche 라 노체	밤	vienes 비에네스	너는 온다

식당

관광

29. 날씨에 대해 말하다
Hablan del tiempo.
아블란 델 띠엠뽀

서울 날씨는 어떻니?
¿Qué tiempo hace en Seúl?
께 띠엠뽀 아쎄 엔 세울

날씨가 궂어. 비가 내리고 있다.
Hace mal tiempo. Está lloviendo.
아쎄 말 띠엠뽀 에스따 요비엔도

이곳은 날씨가 아주 좋다.
볕이 쨍쨍 내리쬔다.
Aquí hace muy buen tiempo.
아끼 아쎄 무이 부엔 띠엠뽀
Hace mucho sol.
아쎄 무초 솔

너는 오늘 오후 무얼 할 거니?
¿Qué vas a hacer esta tarde?
께 바스 아 아쎄르 에스따 따르데

관광

마드리드 행 비행기를 탈 거야.
해를 보고 싶다.
Tomar el avión para Madrid.
또마르 엘 아비온 빠라 마드릳

Quiero ver el sol.
끼에로 베르 엘 솔

단어 공부

el avión 엘 아비온	비행기	el sol 엘 솔	해, 태양
buen 부엔	좋은	la tarde 라 따르데	오후
hablar 아블라르	말하다	el tiempo 엘 띠엠뽀	날씨
llover 요베르	비가 오다	tomar 또마르	타다
mal 말	나쁜	ver 베르	보다

안내소에서
En Informaciones
엔 임포르마씨오네스

세비야 행 다음 열차는 몇 시에 출발합니까?
¿A qué hora sale el próximo tren para Sevilla?
아 께 오라 살레 엘 쁘록씨모 뜨렌 빠라 세비야

열 시에 출발하는 급행이 있습니다.
Hay un rápido que sale a las diez.
아이 운 라삐도 께 살레 알 라스 디에스

일등표는 얼마입니까?
¿Cuánto vale el billete de primera clase?
꾸안또 발레 엘 비예떼 데 쁘리메라 끌라세

왕복입니까? 편도입니까?
¿De ida y vuelta o sólo de ida?
데 이다 이 부엘따 오 솔로 데 이다

편도를 주십시오.
Quiero billete de ida, por favor.
끼에로 비예떼 데 이다 뽀르 파보르

왕복을 주십시오.
Quiero billete de ida y vuelta.
끼에로 비예떼 데 이다 이 부엘따

30 에우로입니다.
Treinta euros.
뜨레인따 에우로스

관광

단어 공부

el billete 엘 비예떼	표	próximo 쁘록씨모	다음의
hay 아이	있다	el rápido 엘 라삐도	급행
la ida 라 이다	가기	salir 살리르	출발하다
para 빠라	행(行)	el tren 엘 뜨렌	열차, 기차
primero 쁘리메로	일등의	la vuelta 라 부엘따	돌아오기

매표소에서
En la taquilla
엔 라 따끼야

선생님, 어디 가십니까?
¿Qué desea, señor?
께 데세아 세뇨르

레온 일등표 주세요.
Un billete de primera a León, por favor.
움 비예떼 데 쁘리메라 아 레온 뽀르 파보르

여기 있습니다. 25에우로입니다.
Aquí tiene, señor.
아끼 띠에네 세뇨르

Son veinticinco euros.
손 베인띠씽꼬 에우로스

100 에우로 여기 있습니다.
미안합니다만 잔돈이 없습니다.
Tenga usted cien euros.
뗑가 우스뗃 씨엔 에우로스

Lo siento pero no tengo suelto.
로 씨엔또 뻬로 노 뗑꼬 수엘또

괜찮습니다, 선생님.
No importa, señor.
노 임뽀르따 세뇨르

관광

단어 공부

el billete 엘 비예떼	표	**No importa** 노 임뽀르따	천만에요
desear 데세아르	원하다	**el suelto** 엘 수엘또	잔돈
Lo siento 로 씨엔또	미안합니다	**la taquilla** 라 따끼야	매표소

짐꾼과 함께 열차에 가다
Al tren con el mozo
알 뜨렌 꼰 엘 모소

이 짐을 그라나다행 급행에 가져다 주시겠습니까?
¿Quiere llevar este equipaje
　끼에레　예바르　에스떼　에끼빠헤
al rápido de Granada, por favor?
알　라삐도　데　그라나다　뽀르 파보르

예, 선생님. 어떤 짐입니까?
Si, señor. ¿Qué equipaje tiene?
　씨　세뇨르　　께　에끼빠헤　띠에네

이 세 여행 가방입니다.
Estas tres maletas.
에스따스 뜨레스 말레따스

이 칸 마음에 드십니까?
¿Le gusta este departamento?
　레　구스따 에스떼　　데빠르따멘또

예, 마음에 듭니다. 고맙습니다.
5 에우로 여기 있습니다.
Sí, me gusta. Gracias.
씨 메 구스따 그라씨아스
Tenga usted cinco euros.
뗑가 우스뗃 씽꼬 에우로스

정말 감사합니다, 선생님
Muy agradecido, señor.
무이 아그라데씨도 세뇨르

단어 공부

agradecido 아그라데씨도	감사하는	**la maleta** 라 말레따	여행 가방
el departamento 엘 데빠르따멘또	칸	**el mozo** 엘 모쏘	짐꾼
el equipaje 엘 에끼빠헤	짐	**el rápido** 엘 라삐도	급행
llevar 예바르	가지고 가다	**el tren** 엘 뜨렌	열차, 기차

33 이 카메라용 필름 한 통 주세요.
Quiero un rollo para esta cámara.
끼에로 운 르요요 빠라 에스따 까마라

이 카메라용 필름 한 통 주세요.
Quiero un rollo para esta cámara.
끼에로 운 르요요 빠라 에스따 까마라

이 카메라용 배터리 하나 주세요.
Quiero una pila para esta cámara.
끼에로 우나 삘라 빠라 에스따 까마라

컬러 필름 한 통 주세요.
Quiero una película a color.
끼에로 우나 뻴리꿀라 아 꼴로르

이 필름 얼마입니까?
¿Cuánto cuesta este rollo?
꾸안또 꾸에스따 에스떼 르요요

이 필름 현상은 얼마입니까?
¿Cuánto cuesta revelar este rollo?
꾸안또 꾸에스따 뢰벨라르 에스떼 르요요

언제 찾으러 올까요?
¿Cuándo estará listo?
꾼안도   에스따라 리스또

모레 오십시오.
Vuelva pasado mañana.
부엘바   빠사도   마냐나

관광

단어 공부

la cámara 라 까마라	카메라	la pila 라 삘라	배터리
el color 엘 꼴로르	색	quiero 끼에로	나는 원한다
listo 리스또	준비된	el rollo 엘 르로요	필름
para 빠라	용	revelar 뢰벨라르	현상하다
la película 라 뻴리꿀라	필름	vuelva 부엘바	오십시오

34 똘레도에서
En Toledo
엔 똘레도

아주머니, 지금 나가실 겁니까?
¿Van a salir ahora, señora?
반 아 살리르 아오라 세뇨라

예, 우리 외출할 겁니다
Sí, vamos a salir.
씨 바모스 아 살리르

딸에게 특이한 기념물을 몇 군데
보여주고 싶습니다.
Quiero enseñar a mi hija
끼에로 엔세냐르 아 미 이하

algunos de los monumentos típicos.
알구노스 델 로스 모누멘또스 띠삐꼬스

성당을 꼭 보십시오.
No dejen de ver la catedral.
노 데헨 데 베르 라 까떼드랄

그곳에서는 미사도 들을 수 있습니다.
Allí se puede oír misa.
아이 세 뿌에데 오이르 미사

태양의 문도 가보시고
Visiten también la Puerta del Sol
비씨뗀 땀비엔 라 뿌에르따 델 솔

그리고 비사그라 문을 잊지 마세요.
y no olviden la Puerta Bisagra.
이 노 올비덴 라 뿌에르따 비사그라

그레코 집은 추천하시지 않으세요?
¿No recomienda usted también
노 래꼬미엔다 우스뗄 땀비엔
la Casa del Greco?
라 까사 델 그레꼬

나는 그림에 대해서는 문외한이지만
Yo no entiendo nada de pintura,
요 노 엔띠엔도 나다 데 삔뚜라

매우 아름답다고 하던데요.
pero se dice que es muy bonita.
뻬로 세 디쎄 께 에스 무이 보니따

엄마, 왜 늘 그림을 보고 싶어하세요?
Mamá, ¿por qué quieres siempre ver cuadro?
마마 뽀르 께 끼에레스 씨엠쁘레 베르 꾸아드로

굉장히 지루해요!
¡Es tan aburrido!
에스 딴   아부뤼도

너조차도 그레코의 그림들을
Estoy segura que incluso tú puedes
에스또이 세구라   께   잉끌루소 뚜   뿌에데스

감상할 수 있다고 나는 확신한다.
apreciar las pinturas del Greco.
아쁘레씨아르 라스 삔뚜라스   델   그레꼬

똘레도는 굉장히 아름다운 도시군요!
Toledo es una ciudad muy hermosa.
똘레도 에스 우나 씨우닫 무이   에르모사

똘레도는 역사적인 도시다.
Toledo es una ciudad histórica.
똘레도 에스 우나 씨우닫   이스또리까

똘레도는 한국의 경주라고들 한단다.
Se dice que Toledo es Guiongchu de Corea.
세 디쎄 께 똘레도 에스   경주   데 꼬레아

똘레도는 세계에서 가장 아름다운 도시 중의 하나이다.

Toledo es una de las ciudades
똘레도 에스 우나 델 라스 씨우다데스

más hermosas del mundo.
마스 에르모사스 델 문도

관광

단어 공부

aburrido 아부뤼도	지루한	**incluso** 잉끌루소	조차도, 까지
alguno 알구노	어떤 것	**el monumento** 엘 모누멘또	기념물
apreciar 아쁘레씨아르	감상하다	**oír** 오이르	듣다
bonito 보니또	아름다운	**olvidar** 올비다르	잊다
la catedral 라 까떼드랄	성당	**la pintura** 라 삔뚜라	그림, 유화
la ciudad 라 씨우닫	도시	**seguro** 세구로	확실한
enseñar 엔세냐르	보여주다	**salir** 살리르	외출하다
hermoso 에르모소	아름다운	**típico** 띠삐꼬	특이한
histórico 이스또리꼬	역사적인	**visitar** 비씨따르	방문하다

35. 세비야에서
En Sevilla
엔 세비야

세비야 마음에 들어요?
¿Le gusta Sevilla?
레 구스따 세비야

예, 무척 마음에 듭니다.
Si, me entusiasma.
씨 메 엔뚜씨아스마

지금까지 무엇을 보셨습니까?
¿Qué ha visto Vd. hasta ahora?
께 아 비스또 우스뗃 아스따 아오라

산따 끄루스 구역에 갔다왔고, 무리요
집을 가보았습니다.
He estado en el barrio de Santa Cruz
아 에스따도 엔 엘 바리오 데 산따 끄루스
y he visitado la casa de Murillo.
이 에 비씨따도 라 까사 데 무리요

성당도 들어가 보았으나
아직 히랄다에는 올라가지 못했습니다.
También he entrado en la catedral,
땀비엔 에 엔뜨라도 엔 라 까떼드랄
pero todavía no he subido a la Giralda.
뻬로 또다비아 노 에 수비도 알 라 히랄다

올라가 봐야 합니다.
Debe hacerlo.
데베 아쎄를로

성도 가보셔야 합니다.
También tiene que visitar el Alcázar.
땀비엔 띠에네 께 비씨따르 엘 알까씨르

내부가 굉장하지만
El interior es magnífico,
엘 인떼리오르 에스 막니피꼬

나는 정원을 더 좋아합니다.
pero yo prefiero los jardines.
뻬로 요 쁘레피에로 로스 하르디네스

그곳에 있는 오렌지나무와 꽃 냄새는
특이하답니다.
El olor de los naranjos y de las flores
엘 올로르 델 로스 나랑호스 이 델 라스 플로레스

en ellos es único.
엔 에요스 에스 우니꼬

예, 금요일에는 꼭 성을 가보겠습니다.
Sí, el viernes sin falta voy a visitar el Alcázar.
씨 엘 비에르네스 씬 팔따 보이 아 비씨따르 엘 알까싸르

굉장하다고 하드군요.
Dicen que es magnífico.
디쎈 께 에스 막니피꼬

아주 좋은 생각이십니다.
Muy buena idea.
무이 부에나 이데아

토요일에는 저와 함께 뜨리아나 구역에 가실 수 있습니다.
El sábado pueden venir conmigo
엘 사바도 뿌에덴 베니르 꼼미고
al barrio de Triana.
알 바뤼오 데 뜨리아나

아, 그렇군요!
¡Ah, sí!
아 씨

아주 특이한 구역입니다.
Es un barrio muy típico.
에스 운 바뤼오 무이 띠삐꼬

어디에 있습니까?
¿Dónde está?
돈데 에스따

과달끼비르 강 맞은편에 있어요.
Está en la otra orilla del río Guadalquivir.
에스따 엔 라 오뜨라 오리야 델 뤼오 구아달끼비르

관광

단어 공부

el Alcázar 엘 알까사르	성	el olor 엘 올로르	냄새
el barrio 엘 바뤼오	구역	la orilla 라 오리야	가
la flor 라 플로르	꽃	el río 엘 뤼오	강
el interior 엘 인떼리오르	내부(內部)	el sábado 엘 사바도	토요일
el jardín 엘 하르딘	정원	sin falta 씬 팔따	꼭, 반드시
el naranjo 엘 나랑호	오렌지나무	el viernes 엘 비에르네스	금요일

굉장히 운이 좋군!
¡Qué suerte!
께 수에르떼

너는 4월을 어디서 보냈니?
¿Dónde has pasado el mes de abril?
돈데 아스 빠사도 엘 메스 데 아브릴

나는 세비야에서 2주 있었어.
He estado en Sevilla dos semanas.
에 에스따도 엔 세비야 도스 세마나스

굉장히 운이 좋았군! 언제 돌아왔니?
¡Qué suerte! ¿Cuándo has vuelto?
께 수에르떼 꾸안도 아스 부엘또

지난 수요일에 돌아왔어.
He vuelto el miércoles pasado.
에 부엘또 엘 미에르꼴레스 빠사도

너 축제 구경했지?
Has visto la feria, ¿no?
아스 비스또 라 페리아 노

물론 못 보았어! 나는 세비야에
박물관 보러 갔을 뿐이야
¡Claro que no! Sólo he ido
끌라로 께 노 솔로 에 이도
a Sevilla a ver los museos.
아 세비야 아 베를 로스 무세오스

관광

단어 공부

abril 아브릴	4월	**pasado** 빠사도	지난
claro 끌라로	물론	**pasar** 빠사르	보내다
cuándo 꾸안도	언제	**la semana** 라 세마나	주
la feria 라 페리아	축제	**sólo** 솔로	단지, 오직
el mes 엘 메스	달	**la suerte** 라 수에르떼	운, 행운
el miércoles 엘 미에르꼴레스	수요일	**ver** 베르	보다
el museo 엘 무세오	박물관	**volver** 볼베르	돌아오다

쇼핑

37. 구경을 하고 있는 중입니다.
Doy una vuelta.
도이 우나 부엘따

구경을 하고 있는 중입니다.
Doy una vuelta.
도이 우나 부엘따
Estoy mirando.
에스또이 미란도
Estoy curioseando.
에스또이 꾸리오세안도

신용카드를 받습니까?
¿Aceptan las tarjetas de crédito?
아쎕딴 라스 따르헤따스 데 끄레디또

값을 써 주시겠습니까?
¿Pueden escribir el precio?
뿌에덴 에스끄리비르 엘 쁘레씨오

보증서는 있습니까?
¿Tienen ustedes garantía?
띠에넨 우스떼데스 가란띠아

영수증을 주실 수 있습니까?
¿Pueden ustedes darme un recibo?
뿌에덴 우스떼데스 다르메 운 뢰씨보

이걸로 사겠습니다.
Voy a comprar esto.
보이 아 꼼쁘라르 에스또

단어 공부

comprar 꼼쁘라르	사다	escribir 에스끄리비르	쓰다
el crédito 엘 끄레디또	신용	mirar 미라르	바라보다, 구경하다
curiosear 꾸리오세아르	호기심을 일으키다	el precio 엘 쁘레씨오	값, 가격
dar 다르	주다	el recibo 엘 뢰씨보	영수증
doy 도이	나는 준다	la tarjeta 라 따르헤따	카드
la garantía 라 가란띠아	보증서	la vuelta 라 부엘따	한 바퀴 돌기

38 이것은 무엇으로 만들어졌습니까?
¿De qué está hecho esto?
데 께 에스따 에초 에스또

이것은 무엇으로 만들어졌습니까?
¿De qué está hecho esto?
데 께 에스따 에초 에스또

면제품입니다.
Es de algodón.
에스 데 알고돈

가죽 제품입니다.
Es de cuero.
에스 데 꾸에로

순모 제품입니다.
Es de lana pura.
에스 데 라나 뿌라

나일론 제품입니다.
Es de nilón.
에스 데 닐론

순금 제품입니다.
Es de oro puro.
에스 데 오로 뿌로

실크 제품입니다.
Es de seda.
에스 데 세다

수제품(手製品)입니다.
Está hecho a mano.
에스따 에초 아 마노

단어 공부

el algodón 엘 알고돈	면, 목화	**el nilón** 엘 닐론	나일론
el cuero 엘 꾸에로	가죽	**el oro** 엘 오로	금
hecho 에초	만들어진	**puro** 뿌로	순수한
la lana 라 라나	털, 양모	**la seda** 라 세다	실크, 비단

쇼핑

백화점에서

En los grandes almacenes
엔 로스 그란데스 알마쎄네스

아가씨, 죄송합니다만, 스타킹과 양말 부에
안내해 주시겠습니까?
Señorita, por favor, ¿podría dirigirme a
세뇨리따, 뽀르 파보르, 뽀드리아 디리히르메 알
los departamentos de medias y calcetines?
로스 데빠르따멘또스 데 메디아스 이 깔쎄띠네스

예, 손님. 에스컬레이터의 왼쪽으로 가십시오.
Sí, señora, A la izquierda de las escaleras
씨 세뇨라 알 라 이스끼에르다 델 라스 에스깔레라스
mecánicas.
메까니까스

내복부 옆 말입니까?
¿Junto al departamento de ropa interior?
훈또 알 데빠르따멘또 데 르오빠 인떼리오르

예, 바로 저겁니다.
Sí, aquél mismo.
씨 아껠 미스모

친절히 해 주셔서 고맙습니다.
Muy amable. Muchas gracias.
무이 아마블레 무차스 그라씨아스

천만에요. 안녕히 가십시오.
No hay de qué. Adiós.
노 아이 데 께 아디오스

쇼핑

손님, 어서 오십시오. 무얼 찾으십니까?
Buenos días, señora. ¿Qué deseaba?
부에노스 디아스 세뇨라 께 데세아바

스타킹 아홉 켤레 주세요.
Quería nueve pares de medias, por favor.
께리이 누에베 빠레스 데 메디아스 뽀르 파보르

어떻게 드릴까요, 손님? 이것들은 마음에 드세요?
¿Cómo las quería, señora? ¿Le gustan éstas?
꼬모 라스 께리아 세뇨라 레 구스딴 에스따스

예, 밝은 색으로 세 켤레하고 어두운
색으로 여섯 켤레 하겠습니다.
Sí, me llevaré tres pares en un tono
씨 메 에바레 뜨레스 빠레스 엔 운 또노
claro, y los otros seis en un tono oscuro.
끌라로 이로스 오뜨로 세이스 엔 운 또노 오스꾸로

얇은 걸로 원하세요 약간 더 두꺼운 걸로 원하세요?
¿Las quiere finas o un poco más fuertes?
라스 끼에에 피나스 오 움 뽀꼬 마스 푸에르떼스

두꺼운 걸로 주세요. 겨울에 신을 겁니다.
Fuertes, por favor. Son para el invierno.
푸에르떼스 뽀르 파보르 손 빠라 엘 임비에르노

손님, 어서 오십시오.
무얼 도와 드릴까요?
Buenas tardes, señor.
부에나스 따르데스 세뇨르
¿En qué puedo servirle a usted?
엔 께 뿌에도 세르비를레아 우스뗃

컴퓨터를 한 대 샀으면 합니다.
Quisiera comprar un ordenador.
끼씨에라 꼼쁘라르 운 오르데나도르

이쪽으로 오십시오.
Pase por aquí, por favor.
빠세 뽀르 아끼 뽀르 파보르

어떤 컴퓨터를 원하십니까?
¿Qué ordenador quiere usted?
께 오르데나도르 끼에레 우스뗃

우선 구경 좀 하겠습니다.
Primero voy a dar una vuelta.
쁘리메로 보이 아 다르 우나 부엘따

이 컴퓨터로 하겠습니다.
Quisiera comprar este ordenador.
끼씨에라 꼼쁘라르 에스떼 오르데나도르

쇼핑

단어 공부

amable 아마블레	친절한	el invierno 엘 임비에르누	겨울
aquél 아껠	저것	la izquierda 라 이스끼에르다	왼쪽
los calcetines 로스 깔쎄띠네스	양말	las medias 라스 메디아스	스타킹
claro 끌라로	밝은	mismo 미스모	바로
el departamento 엘 데빠르따멘또	부(部)	oscuro 오스꾸로	어두운
dirigir 디리히르	안내하다	otro 오뜨로	다른
la escalera mecánica 라 에스깔레라 메까니까 에스컬레이터		poder 뽀데르	할 수 있다
los grandes almacenes 로스 그란데스 알마쎄네스 백화점		la ropa interior 라 르로빠 인떼리오르	내복
		el tono 엘 또노	색조(色調), 색

40 양화점에서
En la zapatería
엔 라 싸빠떼리아

아주머니, 무엇을 찾으십니까?
¿Qué deseaba, señora?
께 데세아바 세뇨라

진열창에서 마음에 드는 구두를 보았습니다.
He visto un par de zapatos en el escaparate
에 비스또 운 빠르 데 싸빠또스 엔 엘 에스까빠라떼
que me gustan.
께 메 구스딴

아주머니, 어떻게 생겼지요?
¿Cómo son, señora?
꼬모 손 세뇨라

굽이 낮은 감색입니다.
Son azul marino de tacón bajo.
손 아쑬 마리노 데 따꼰 바호

아주머니, 몇 사이즈를 신으십니까?
¿Qué número calza, señora?
께 누메로 깔싸 세뇨라

37을 부탁합니다.
El 37, por favor.
엘 뜨레인따 이 씨에떼 뽀르 파보르

어서 오십시오, 아가씨
무엇을 드릴까요?
Muy buenos días, señorita.
무이 부에노스 디아스 세뇨리따
¿En qué puedo servirla?
엥 께 뿌에도 세르비를라

굽이 높은 구두를 샀으면 합니다.
Quisiera unos zapatos de tacón alto.
끼씨에라 우노스 싸빠또스 데 따꼰 알또

가죽으로 하시겠습니까?
¿Los quería de piel?
로스 께리아 데 삐엘

있으면 에나멜 구두로 주세요.
En charol si los tienen.
엔 차롤 씨 로스 띠에넨

운이 좋으십니다. 신어 보시겠어요?
Ha tenido suerte. ¿Quiere probárselos?
아 떼니도 수에르떼 끼에레 쁘로바르셀로스

예, 이게 잘 맞군요. 이걸로 하겠습니다.
Sí, éstos me sientan bien. Me los llevaré.
씨 에스또스 메   씨엔딴   비엔   멜 로스 예바레

어서 오십시오, 손님.
Buenos días, señor.
부에노스 디아스 세뇨르

이것들 중 어떤 것으로 하시겠습니까?
¿Cuál de estos le gusta más?
꾸알 데 에스또스 레 구스따 마스

검정색 구두 좀 보십시다.
Quiero ver unos zapatos negros.
끼에로 베르 우노스 싸빠또스   네그로스

이것은 너무 큽니다.
Estos son demasiado grandes.
에스또스 손   데마씨아도   그란데스

구두가 꼭 조입니다.
Me aprietan los zapatos.
메 아쁘리에딴 로스 싸빠또스

다른 구두를 신어 봐도 될까요?
¿Puedo probar los otros?
뿌에도   쁘로바르 로스 오뜨로스

물론입니다, 손님.
Desde luego, senor.
데스데 루에고 세뇨르

단어 공부

azul marino 아쑬 마리노	감색	**el par** 엘 빠르	켤레
bajo 바호	낮은	**la piel** 라 삐엘	가죽
calzar 깔싸르	신다	**probar** 쁘로바르	신어 보다
el charol 엘 차롤	에나멜 구두	**sentar** 센따르	맞다
desear 데세아르	원하다	**la suerte** 라 수에르떼	운(運)
el escaparate 엘 에스까빠라떼	진열창	**el tacón** 엘 따꼰	굽
gustar 구스따르	마음에 들다	**ver** 베르	보다
llevar 예바르	가지고 가다	**la zapatería** 라 싸빠떼리아	양화점
el número 엘 누메로	번호, 번	**el zapato** 엘 싸빠또	구두

쇼핑

41 내게 잘 맞지 않는다.
No me queda bien.
노 메 께다 비엔

내게 잘 맞지 않는다.
No me queda bien.
노 메 께다 비엔

너무 크다.
Es demasiado grande.
에스 떼마씨아도 그란데

매우 작다.
Es muy pequeño.
에스 무이 뻬께뇨

너무 길다.
Es demasiado largo.
에스 데마씨아도 라르고

매우 짧다.
Es muy corto.
에스 무이 꼬르또

무척 꼭 조인다.
Es muy apretado.
에스 무이   아쁘레따도

너무 헐렁하다.
Es demasiado suelto.
에스 데마씨아도   수엘또

쇼핑

단어 공부

apretado 아쁘레따도	꼭 조인	largo 라르고	긴
corto 꼬르또	짧은	pequeño 뻬께뇨	작은
demasiado 데마씨아도	너무	quedar 께다르	맞다
grande 그란데	큰	suelto 수엘또	느슨한, 헐렁한

103

천은 무슨 색입니까?

¿De qué color es la tela?
데 께 꼴로르 에슬라 뗄라

천은 무슨 색입니까?
¿De qué color es la tela?
데 께 꼴로르 에슬라 뗄라

하얗습니다.
Es blanco/Es de color blanco.
에스 블랑꼬/에스 데 꼴로르 블랑꼬

검습니다.
Es negro/Es de color negro.
에스 네그로/에스 데 꼴로르 네그로

노랗습니다.
Es amarillo/Es de color amarillo.
에스 아마리요/에스 데 꼴로르 아마리요

붉습니다.
Es rojo/Es de color rojo.
에스 르로흐/에스 데 꼴로르 르로호

녹색입니다.
Es verde/Es de color verde.
에스 베르데/에스 데 꼴로르 베르데

파랑습니다.
Es azul/Es de color azul.
에스 아쑬/에스 데 꼴로르 아쑬

쇼핑

단어 공부

azul 아쑬	파란	**negro** 네그로	검은
amarillo 아마리요	노란	**rojo** 르로호	붉은
blanco 블랑꼬	하얀	**la tela** 라 뗄라	천
el color 엘 꼴로르	색	**verde** 베르데	녹색의, 푸른

43 미장원에서
En la peluquería
엔 라 뻴루께리아

안녕하세요, 아주머니. 어떻게 해 드릴까요?
Buenos días, señora. ¿Qué se va a hacer?
부에노스 디아스 세뇨라   께 세 바 아 아쎄르

감고 커트만 해 주세요.
Solamente quisiera lavar y cortar.
솔라멘떼   끼씨에라 라바르 이 꼬르따르

아, 염색도 해 주세요.
¡Ah! También déme un tinte.
아   땀비엔   데메 운 띤떼

무슨 색으로 해 드릴까요?
¿Qué tono quiere usted?
께 또노 끼에레 우스뗃

블론드 색으로 부탁합니다.
Un tono blondo, por favor.
운 또노 블론도   뽀르 파보르

앞은 어떻게 하시겠어요?
¿Cómo quiere por delante?
꼬모 끼에레 뽀르 델란떼

매끄럽게 해 주세요.
Liso, por favor.
리소 뽀르 파보르

쇼핑

단어 공부

blondo 블론도	블론드의	liso 리소	매끄러운
cortar 꼬르따르	자르다	la peluquería 라 뻴루께리아	미장원, 이발소
delante 델란떼	앞에	también 땀비엔	역시
hacer 아쎄르	하다	el tinte 엘 띤떼	염색
lavar 라바르	씻다	el tono 엘 또노	색조, 색

44. 담배가게에서
En el estanco
엔 엘 에스땅고

어서 오십시오, 선생님.
¿Qué desea, señor?
께 데세아 세뇨르

담배 두 갑 주세요.
Quisiera dos paquetes de cigarrillos.
끼씨에라 도스 빠께떼스 데 씨가뤼요스

어디 제품이 있습니까?
¿Qué marca tienen?
께 마르까 띠에넨

국산 담배는 모두 있습니다.
Tenemos todas las marcas de cigarrillos
떼네모스 또다스 라스 마르까스 데 씨가뤼요스
nacionales.
나씨오날레스

그 국산 담배 두 갑 주세요.
Quiero dos paquetes de esos cigarrillos
끼에로 도스 빠께데스 데 에소스 씨가뤼요스
nacionales, por favor.
나씨오날레스 뽀르 파보르

아! 그리고 라이터 하나 주세요.
¡Ah! Y un encendedor.
아 이 운 엔쎈데도르

여기 있습니다. 더 드릴까요?
Aquí tiene, señor. ¿Quieren algo más?
아끼 띠에네 세뇨르 끼에렌 알고 마스

예, 엽서 세 장과 편지 두 장과 엽서 세장에 붙일 우표 다섯 장 주세요.
Sí, quiero tres postales y cinco sellos
씨 끼에로 뜨레스 뽀스딸레스 이 씽꼬 세요스
para dos cartas y tres postales.
빠라 도스 까르따스 이 뜨레스 뽀스딸레스

외국에 보낼 겁니까?
¿Son para el extranjero, señor?
손 빠라 엘 에스뜨랑헤로 세뇨르

쇼핑

예, 한국 서울에 보낼 겁니다.
Sí, para Seúl, Corea.
씨 빠라 세울 꼬레아

그게 전부입니다. 얼마입니까?
Eso es todo. ¿Quiere decirme cuánto es,
에소 에스 또도   끼에레   데씨르메   꾸안또 에스
por favor?
뽀르 파보르

15 에우로입니다.
Quince euros.
끼세 에우로스

어서 오십시오, 아가씨
¿Qué desea, señorita?
께   데세아   세뇨리따

오른쪽에 그 담배 주세요.
Quisiera esos cigarrillos a la derecha, por favor.
끼씨에라   에소스   씨가리요스 알 라   데레차   뽀르 파보르

몇 갑 드릴까요? 한 갑요?
¿Cuántos quiere? ¿Un paquete?
꾸안또스   끼에레   운   빠께떼

아닙니다, 다섯 갑입니다.
No, cinco paquetes.
노   씽꼬   빠께떼스

죄송합니다, 아가씨. 세 갑 뿐입니다.
Lo siento, señorita. Sólo tengo tres.
로 씨엔또   세뇨리따   솔로 뗑고 뜨레스

그럼 다른 담배가게로 가겠습니다.
Entonces voy a otro estanco.
엔똔쎄스 보이 아 오뜨로 에스땅꼬

단어 공부

el encendedor 엘 엔쎈데도르	라이터	**fumar** 푸마르	담배 피우다
la carta 라 까르따	편지	**la marca** 라 마르까	상표
la cerilla 라 쎄리야	성냥	**nacional** 나씨오날	국산의
el cigarrillo 엘 씨가릐요	담배	**el paquete** 엘 빠께떼	갑(匣)
la derecha 라 데레차	오른쪽	**la postal** 라 뽀스딸	엽서
el estanco 엘 에스땅꼬	담배가게	**sólo** 솔로	오직, 단지, 뿐
el extranjero 엘 에스뜨랑헤로	외국	**todo** 또도	모두

쇼핑

45 식료품점에서
En la tienda de comestibles
엔 라 띠엔다 데 꼬메스띠블레스

부인, 오늘은 무엇 드릴까요?
¿Qué desea hoy, señora?
께 데세아 오이 세뇨라

빵 두 개와 식용유 1리터요.
Quiero dos barras de pan
끼에로 도스 바라스 데 빤
y un litro de aceite.
이 운 리뜨로 데 아쎄이떼

여기 있습니다. 다른 것은?
Aquí tiene. ¿Alguna otra cosa?
아끼 띠에네 알구나 오뜨라 꼬사

예, 잠깐만 기다리세요.
Sí, espere un momento.
씨 에스뻬레 움 모멘또

여기 필요한 것의 목록이 있습니다.
Aquí tengo una lista de las cosas que necesito.
아끼 뗑고 우나 리스따 델 라스 꼬사스 께 네쎄씨또

버터 반 킬로,
Medio kilo de mantequilla,
메디오 낄로 데   만떼끼야

달걀 한 타,
una docena de huevos,
우나 도쎄나 데 우에보스

치즈 4분의 1 킬로,
un cuarto kilo de queso,
운 꾸아르또 낄로 데   께소

잼 한 통이군요.
y un tarro de mermelada.
이 운 따르로 네   메르멜라다

예, 그게 전부라고 생각합니다.
Sí, creo que eso es todo.
씨 끄레오 께 에소 에스 또도

계산서를 부탁합니다.
Hágame la cuenta, por favor.
아가메   라 꾸엔다   뽀르 파보르

여기 있습니다, 부인.
Aquí tiene, señora.
아끼 띠에네   세뇨라

아가씨, 어서 오세요. 무얼 드릴까요?
Buenas tardes, señorita. ¿Qué desea?
부에나스 따르데스 세뇨리따 께 데세아

식초 얼마입니까?
¿Cuánto es el vinagre?
꾸안또 에스 엘 비나그레

한 병에 6에우로입니다.
Son seis euros la botella.
손 세이스 에우로스 라 보떼야

두 병 주세요.
Quiero dos botellas, por favor.
끼에로 도스 보떼야스 뽀르 파보르

다른 필요한 것은?
¿Necesita algo más?
네쎄씨따 알고 마스

간장도 한 병 주세요.
Quiero también una botella de salsa de soja.
끼에로 땀비엔 우나 보떼야 데 살사 데 소하

그것뿐입니다.
Nada más.
나다 마스

12 에우로입니다.
Doce euros.
도쎄 에우로스

쇼핑

단어 공부

el aceite 엘 아쎄이떼	식용유	**la lista** 라 리스따	목록
la barra 라 바라	개	**la mantequilla** 라 만떼끼야	버터
caro 까로	비싼	**la mermelada** 라 메르멜라다	잼
la cosa 라 꼬사	물건	**necesitar** 네쎄씨따르	필요하다
la cuenta 라 꾸엔따	계산서	**el pan** 빤	빵
la docena 라 도쎄나	타, 12개	**el queso** 엘 께소	치즈
esperar 에스뻬라르	기다리다	**el salsa de soja** 엘 살사 데 소하	간장
el huevo 엘 우에보	달걀	**el tarro** 엘 따로	깡통
el kilo 엘 낄로	킬로	**el vinagre** 엘 비나그레	식초

과일가게에서
En la frutería
엔 라 프루떼리아

안녕하세요, 선생님.
Buenos días, señor.
부에노스 디아스 세뇨르

토마토 반 킬로를 주세요.
그러나 아주 싱싱해야 합니다.
Quiero medio kilo de tomates,
끼에로 메디오 낄로 데 또마떼스
pero tienen que ser muy frescos.
뻬로 띠에넨 께 세르 무이 프레스꼬스

오늘은 아주 좋습니다.
Hoy son muy buenos.
오이 손 무이 부에노스

1킬로 사시지 그래요? 오른다는데.
¿Por qué no compra un kilo? Se dice que
뽀르 께 노 꼼쁘라 운 낄로 세 디쎄 께
van a subir.
반 아 수비르

또요?
¿Otra vez?
오뜨라 베쓰

오렌지는 계속 같은 값입니까?
¿Siguen las naranjas al mismo precio?
씨겐 라스 나랑하스 알 미스모 쁘레씨오

예, 아직 1킬로에 3 에우로입니다.
Si, valen todavia tres euros el kilo.
씨 발렌 또다비아 뜨레스 에우로스 엘 낄로

다행입니다. 오늘은 멜론 하나 주세요.
Menos mal. Hoy quiero un melón.
메노스 말 오이 끼에로 운 멜론

알았습니다. 더 필요한 것 있습니까?
배, 사과, 포도, 복숭아는요?
Perfectamente. ¿Necesita algo más?
뻬르펙따멘떼 네쎄씨따 알고 마스
¿Peras, manzanas, uvas, melocotones?
뻬라스 만싸나스 우바스 멜로꼬또네스

예, 바나나가 약간 필요합니다.
Si, necesitamos algunos plátanos.
씨 네쎄씨따모스 알구노스 쁠라따노스

쇼핑

2킬로 주세요.
Póngame dos kilos.
뽕가메   도스 낄로스

야채도 필요하지 않습니까?
¿No quiere también algunas verduras?
노   끼에레   땀비엔   알구나스   베르두라스

예, 양파 1킬로, 큰 배추 한 포기,
중간 크기 꽃양배추 둘,
연하면 풋강낭콩 1킬로 반 주세요.
Si, déme un kilo de cebollas,
씨   데메   운 낄로 데   쎄보야스
un repollo grande, dos coliflores
운   뢰뽀요   그란데   도스   꼴리플로레스
de tamaño mediano y kilo y medio
데   따마뇨   메디아노   이 낄로 이 메디오
de judías verdes si son tiernas.
데   후디아스   베르데스   씨 손   띠에르나스

됐습니다, 여기 전부 있습니다.
Bien, aquí está todo.
비엔   아끼   에스따   또도

25 에우로입니다.
Veinticinco euros.
베인띠씽꼬 에우로스

내일 지불하겠습니다.
Voy a pagar mañana.
보이 아 빠가르 마냐나

단어 공부

스페인어	한국어	스페인어	한국어
la cebolla 라 쎄보야	양파	otra vez 오뜨라 베쓰	다시
la coliflor 라 꼴리플로르	꽃양배추	la pera 라 뻬라	배
el dinero 엘 디네로	돈	perfectamente 뻬르펙따멘떼	알았습니다
la judía 라 후디아	강낭콩	el plátano 엘 쁠라따노	바나나
la manzana 라 만싸나	사과	el precio 엘 쁘레씨오	값, 가격
medio 메디오	반(半)	el repollo 엘 리뽀요	배추
el melocotón 엘 멜로꼬똔	복숭아	el tamaño 엘 따마뇨	크기
el melón 엘 멜론	멜론	el tomate 엘 또마떼	토마토
mismo 미스모	같은	la uva 라 우바	포도
la naranja 라 나랑하	오렌지	la verdura 라 베르두라	야채

쇼핑

47 주유소에서
En la gasolinera
엔 라 가솔리네라

선생님, 몇 리터 넣을까요?
¿Cuántos litros pongo, señor?
꾸안또스 리뜨로스 뽕고 세뇨르

15 리터 넣어 주세요.
Necesito quince litros.
네쎄씨또 낀세 리뜨로스

보통입니까 고급입니까?
¿Ordenaria o Súper?
오르데나리아 오 수뻬르

고급으로 빨리요. 나 무척 급합니다.
Súper, pero pronto. Tengo mucha prisa.
수뻬르 뻬로 쁘론또 뗑고 무차 쁘리사

미안합니다, 선생님. 펑크 난 걸 아십니까?
Lo siento, señor.
로 씨엔또 세뇨르
¿Sabe Vd. que ha tenido un pinchazo?
사베 우스뗃 께 아 떼니도 운 삔차쏘

빌어먹을! 택시를 불러야겠군요.
¡Maldición! Voy a llamar un taxi.
말디씨온 보이 아 야마르 운 딱씨

아가씨, 몇 리터 넣을까요?
¿Cuántos litros pongo, señorita?
꾸안또스 리뜨로스 뽕고   세뇨리따

쇼핑

고급으로 16리터 넣어 주세요.
Ponga dieciséis litros de Súper.
뽕가 디에씨세이스 리뜨로스 데 수뻬르

탱크가 가득 찼습니다.
El depósito ya está lleno.
엘 데뽀씨또 야 에스따 예노

기름이 어떤가, 타이어는 바람을
넣어야 하는지 좀 봐 주세요.
¿Quiere mirar cómo está el aceite
끼에레 미라르 꼬모 에스따 엘 아쎄이떼
y si necesitan aire los neumáticos?
이 씨 네쎄씨딴 아이레 로스 네우마띠꼬스

봐 드리고 말고요. 지금으로는 다 좋습니다.
Desde luego. Por ahora todo marcha bien.
데스데 루에고   뽀르 아오라   또도   마르차 비엔

됐습니다. 여기 있습니다.
거스름돈은 필요없습니다.
Bien, tenga, la vuelta para usted.
비엔 뗑가 라 부엘따 빠라 우스뗄

아가씨, 몇 리터 넣어 드릴까요?
Señorita, ¿cuántos litros necesita usted?
세뇨리따 꾸안또스 리뜨로스 네쎄씨따 우스뗄

10리터만 부탁합니다.
Diez litros, por favor.
디에스리뜨로스 뽀르 파보르

가득 채우시지 그러세요?
¿Por qué no llena por completo?
뽀르 께 노 예나 뽀르 꼼쁠레또

돈이 부족합니다.
Me falta dinero.
메 팔따 디네로

카드도 받습니다.
Recibimos la tarjeta también.
쨰씨비모스 라 따르헤따 땀비엔

그럼 가득 채워 주세요.
Entonces, llene por completo.
엔똔쎄스 예네 뽀르 꼼쁠레또

35 에우로입니다.
Treinta y cinco euros.
뜨레인따 이 씽꼬 에우로스

쇼핑

단어 공부

el aceite 엘 아쎄이떼	기름	necesitar 네쎄씨따르	필요하다
el aire 엘 아이레	공기, 바람	el neumático 엘 네우마띠꼬	타이어
el depósito 엘 데뽀씨또	탱크	ordenaria 오르데나리아	보통
faltar 팔따르	부족하다	el pinchazo 엘 삔차쏘	펑크
el litro 엘 리뜨로	리터	poner 뽀네르	넣다
llamar 야마르	부르다	la prisa 라 쁘리사	급함
llenar 예나르	채우다	recibir 뢰씨비르	받다
la maldición 라 말디씨온	저주	súper 수뻬르	고급
marchar 마르차르	진행하다	la tarjeta 라 따르헤따	카드
mirar 미라르	바라보다, 보다	la vuelta 라 부엘따	거스름돈

123

48 굉장히 비싸군요!
¡Qué caro!
께 까로

굉장히 비싸군요!
¡Qué caro!
께 까로

무척 비싸군요.
Es muy caro.
에스 무이 까로

너무 비쌉니다.
Es demasiado caro.
에스 데마씨아도 까로

나한테는 너무 비쌉니다.
Es demasiado caro para mí.
에스 데마씨아도 까로 빠라 미

더 싼 것은 없습니까?
¿Tienen algo más barato?
띠에넨 알고 마스 바라또

나는 돈을 별로 가지고 있지 않습니다.
No tengo mucho dinero.
노 뗑고 무초 디네로

값을 좀 깎아 주실 수 없습니까?
¿Podría bajar el precio un poco?
뽀드리아 바하르 엘 쁘레씨오 움 뽀꼬

쇼핑

단어 공부

algo 알고	어떤 것	**demasiado** 데마씨아도	너무
bajar 바하르	내리다	**el dinero** 엘 디네로	돈
barato 바라또	싼	**más barato** 마스 바라또	더 싼
caro 까로	비싼	**el precio** 엘 쁘레씨오	값, 가격

우리는 모두 여섯 명입니다.
Somos seis en total.
소모스 세이스 엔 또딸

모두 몇 명이십니까?
¿Cuántos son en total?
꾸안또스 손 엔 또딸

우리는 모두 여섯 명입니다.
Somos seis en total.
소모스 세이스 엔 또딸

무엇을 주문하시겠습니까?
¿Qué piden ustedes?
께 삐덴 우스떼데스

나는 갈리시아식 대구를 주문하겠습니다.
Yo pido merluza a la gallega.
요 삐도 메를루싸 알 라 가예가

다른 사람들은 통닭구이를 주문한다.
Los demás piden pollo asado.
로스 데마스 삐덴 뽀요 아사도

맛이 좋습니까?
¿Es bueno/buena?
에스 부에노/부에나

예, 맛이 끝내줍니다.
Sí, es estupendo/estupenda.
씨 에스 에스뚜뻰도/에스뚜뻰다

단어 공부

a la gallega 알 라 가예가	갈리시아식으로	la merluza 라 메를루싸	대구
asado 아사도	구운	pedir 뻬디르	주문하다
los demás 로스 데마스	다른 사람들	pido 삐도	나는 주문한다
estupendo 에스뚜뻰도	맛이 좋은	el pollo 엘 뽀요	통닭
gallego 가예고	갈리시아의	el total 엘 또딸	총, 총계

은행·통신

50 은행은 몇 시에 문을 엽니까?
¿A qué hora se abren los bancos?
아 께 오라 세 아브렌 로스 방꼬스

은행은 몇 시에 문을 엽니까?
¿A qué hora se abren los bancos?
아 께 오라 세 아브렌 로스 방꼬스

열 시에 엽니다.
Se abren a las diez.
세 아브렌 알 라스 디에스

은행은 몇 시에 문을 닫습니까?
¿A qué hora se cierran los bancos?
아 께 오라 세 씨에르란 로스 방꼬스

오후 4시에 닫습니다.
Se cierran a las cuatro de la tarde.
세 씨에르란 알 라스 꾸아뜨로 데 라 따르데

우체국은 몇 시에 문을 엽니까?
¿A qué hora se abre el correo?
아 께 오라 세 아브레 엘 꼬뢰오

아홉 시에 엽니다.
Se abre a las nueve.
세 아브레 알 라스 누에베

은행을 찾고 있습니다.
Estoy buscando el banco.
에스또이 부스깐도 엘 방꼬

우체국을 찾고 있습니다.
Estoy buscando el correo.
에스또이 부스깐도 엘 꼬레오

경찰서를 찾고 있습니다.
Estoy buscando la comisaria.
에스또이 부스깐도 라 꼬미사리아

은행·통신

단어 공부

abrir 아브리르	열다	**la comisaria** 라 꼬미사리아	경찰서
el banco 엘 방꼬	은행	**el correo** 엘 꼬르레오	우체국
cerrar 쎄라르	닫다	**qué hora** 께 오라	몇 시

51. 전화를 사용할 수 있을까요?
¿Se podría usar el teléfono?
세 뽀드리아 우사르 엘 뗄레포노

전화를 사용할 수 있을까요?
¿Se podría usar el teléfono?
   세   뽀드리아 우사르 엘   뗄레포노

휴대전화를 사용할 수 있을까요?
¿Se podría usar el móvil?
   세   뽀드리아 우사르 엘   모빌

이곳에서 식사를 해도 되나요?
¿Se podría comer aquí?
   세   뽀드리아   꼬메르   아끼

여기 잠깐 앉아도 될까요?
¿Se podría sentarse aquí un rato?
   세   뽀드리아   센따르세   아끼 운 라또

여기서 촬영해도 될까요?
¿Se podría sacar fotos aquí?
   세   뽀드리아   사까르 포또스 아끼

안으로 들어갈 수 있습니까?
¿Se podría entrar adentro?
세 뽀드리아 엔뜨라르 아덴뜨로

이곳을 지나가도 될까요?
¿Se podría pasar por aquí?
세 뽀드리아 빠사르 뽀르 아끼

단어 공부			
adentro 아덴뜨로	안으로	sacar fotos 사까르 포또스	촬영하다
entrar 엔뜨라르	들어가다	sentarse 센따르세	앉다
el móvil 엘 모빌	휴대전화	el teléfono 엘 뗄레포노	전화
pasar 빠사르	지나가다	usar 우사르	사용하다

병원

52. 의사를 불러 주시겠습니까?
¿Podría llamar a un médico, por favor?
뽀드리아 야마르 아 운 메디꼬 뽀르 파보르

의사를 불러 주시겠습니까?
¿Podría llamar a un médico, por favor?
뽀드리아 야마르 아 운 메디꼬 뽀르 파보르

제가 아픕니다.
Estoy enfermo/enferma.
에스또이 엠페르모/엠페르마

제 여자 친구가 아픕니다.
Mi amiga está enferma.
미 아미가 에스따 엠페르마

나는 의사가 필요합니다.
Necesito un médico.
네쎄씨또 운 메디꼬

제일 가까운 병원은 어디에 있습니까?
¿Dónde está el hospital más cercano?
돈데 에스따 엘 오스삐딸 마스 쎄르까노

제일 가까운 약국은 어디에 있습니까?
¿Dónde está la farmacia más cercana?
돈데 에스따라 파르마씨아 마스 쎄르까나

제일 가까운 치과는 어디에 있습니까?
¿Dónde está el dentista más cercano?
돈데 에스따 엘 덴띠스따 마스 쎄로까노

병원

단어 공부

la amiga 라 아미가	여자 친구	**el hospital** 엘 오스삐딸	병원
cercano 쎄르까노	가까운	**llamar** 야마르	부르다
el dentista 엘 덴띠스따	치과의사	**el médico** 엘 메디꼬	의사
enfermo 엠페르모	아픈	**necesitar** 네쎄씨따르	필요하다
la farmacia 라 파르마씨아	약국	**necesito** 네쎄씨또	나는 필요하다

치과 병원에서
En la clínica dental
엔 라 끌리니까 덴딸

나는 이가 아픕니다.
Me duele la muela.
메 두엘레 라 무엘라
Tengo dolor de muela.
뗑고 돌로르 데 무엘라

잇몸이 아픕니다.
Me duelen las encías.
메 두엘렌 라스 엔씨아스
Tengo dolor de encías.
뗑고 돌로르 데 엔씨아스

이가 하나 빠졌습니다.
Se me rompió un diente.
세 메 르롬삐오 운 디엔떼

충전재가 떨어졌습니다.
Se me cayó un empaste.
세 메 까요 운 엠빠스떼

뽑고 싶지 않습니다.
No quiero que me lo arranque.
노 끼에로 께 멜 로 아르랑께

마취약을 주십시오.
Por favor, déme un anestésico.
뽀르 파보르 데메 운 아네스떼씨꼬

단어 공부

el anestésico 엘 아네스떼씨꼬	마취약	**doler** 돌레르	아프다
arrancar 아르랑까르	뽑다	**el dolor** 엘 돌로르	통증
caerse 까에르세	떨어지다	**el empaste** 엘 엠빠스떼	충전재
la clínica 라 끌리니까	개인 병원	**la encía** 라 엔씨아	잇몸
dental 덴딸	이의	**la muela** 라 무엘라	어금니
el diente 엘 디엔떼	이	**romperse** 롬뻬르세	빠지다

54. 나는 잠을 잘 수 없습니다.
No puedo dormir.
노 뿌에도 도르미르

나는 잠을 잘 수 없습니다.
No puedo dormir.
노 뿌에도 도르미르

나는 간밤에 잠을 이룰 수 없었다.
Anoche no pude dormir.
아노체 노 뿌데 도르미르

여러 차례 토했습니다.
He vomitado varias veces.
에 보미따도 바리아스 베쎄스

백신 주사를 맞았습니다.
Estoy vacunado/vacunada.
에스또이 바꾸나도/바꾸나다

나는 내 자신의 주사기가 있습니다.
Tengo mi propia jeringa.
뗑고 미 쁘로삐아 헤링가

나는 수혈을 원하지 않습니다.
No quiero una transfusión.
노 끼에로 우나 뜨란스푸씨온

나는 수혈을 원하지 않았습니다.
No quise una transfusión.
노 끼세 우나 뜨란스푸씨온

병원

단어 공부

anoche 아노체	간밤	**quise** 끼세	나는 원했다
dormir 도르미르	자다	**la transfusión** 라 뜨란스푸씨온	수혈
la jeringa 라 헤링가	주사기	**vacunado** 바꾸나도	백신 주사를 맞은
propio 쁘로삐오	자신의	**varias veces** 바리아스 베쎄스	여러 차례
pude 뿌데	나는 할 수 있었다	**vomitar** 보미따르	토하다

나는 처방전이 필요하다.
Necesito una receta.
네쎄씨또 우나 뢰쎄따

나는 처방전이 필요하다.
Necesito una receta.
네쎄씨또 우나 뢰쎄따

처방전이 필요하십니까?
¿Necesita una receta?
네쎄씨따 우나 뢰쎄따

나는 처방전을 가지고 있다.
Tengo una receta.
뗑고 우나 뢰쎄따

하루에 몇 번 먹습니까?
¿Cuántas veces se toma al día?
꾸안따스 베쎄스 세 또마 알 디아

하루에 두 알씩 세 번 드세요.
Dos pastillas tres veces al día.
도스 빠스띠야스 뜨레스 베쎄스 알 디아

식전에 드십시오.
Tome antes de comer.
또메 안떼스 데 꼬메르

식후에 드십시오
Tome después de comer.
또메 데스뿌에스 데 꼬메르

병원

단어 공부

al día 알 디아	하루에	**la receta** 라 르쎄따	처방전
necesitar 네쎄씨따르	필요하다	**tomar** 또마르	먹다
la pastilla 라 빠스띠야	알약	**la vez** 라 베쓰	번

긴급사항

56 나는 길을 잃었습니다.
Me he perdido.
메 에 뻬르디도

여보세요, 여기가 어딥니까?
Oiga, ¿puede decirme dónde estoy?
오이가 뿌에데 데씨르메 돈데 에스또이

길을 잃었습니다.
Me he perdido.
메 에 뻬르디도

아가씨, 어디 가실 겁니까?
¿Adónde quiere ir, señorita?
아돈데 끼에레 이르 세뇨리따

축제 전시실에 가려고 합니다.
Quiero ir a una caseta de la feria.
끼에로 이르아 우나 까세따 델 라 페리아

내 친구들이 거기서 기다리고 있습니다.
Mis amigos están esperando allí.
미스 아미고스 에스딴 에스뻬란도 아이

어느 전시실입니까?
¿En qué caseta?
엔 께 까세따

전혀 생각이 나지 않습니다.
No tengo la menor idea.
노 뗑고 라 메노르 이데아

어디에 묵고 계십니까?
¿Dónde vive usted?
돈데 비베 우스뗃

아가씨, 묵고 계신 곳을 아세요?
¿Sabe usted eso, señorita?
사베 우스뗃 에소 세뇨리따

예, 세비야 호텔에 있습니다.
Sí, estamos en el Hotel Sevilla.
씨 에스따모스 엔 엘 오뗄 세비야

아! 그거라면 아주 쉽습니다.
¡Ah! Eso es muy fácil.
아 에소 에스 무이 파씰

긴급사항

곧장 가시다가
Siga derecho
씨가 데레초

길모퉁이에서 오른쪽으로 꺾어지세요.
y en la esquina tuerza a la derecha.
이 엔 라 에스끼나 뚜에르싸 알 라 데레차

호텔은 왼쪽 인도에 있습니다.
El hotel está en la acera de la izquierda.
엘 오뗄 에스따 엔 라 아쎄라 델 라 이스끼에르다

대단히 고맙습니다.
Muchas gracias. Muy amable.
무차스 그라씨아스 무이 아마블레

버스 터미널은 어디로 가면 됩니까?
¿Por dónde se va a la terminal de autobuses?
뽀르 돈데 세 바 알 라 떼르미날 데 아우또부세스

곧장 가십시오
Siga derecho.
씨가 데레초

Siga directo.
씨가 데렉또

곧장 조금만 가십시오.
Siga derechito.
씨가   데레치또

왼쪽으로 꺾어지십시오.
Tuerza a la izquierda.
뚜에르싸 알 라 이스끼에르다

오른쪽으로 꺾어지십시오.
Tuerza a la derecha.
뚜에르싸 알 라 데레차

걸어서 5분 거리에 있습니다.
Hay cinco minutos a pie.
아이 씽꼬   미누또스 아 삐에

단어 공부

la acera 라 아쎄라	인도, 보도	la esquina 라 에스끼나	길모퉁이
amable 아마블레	친절한	la feria 라 페리아	(연례) 축제
la caseta 라 까세따	전시실	la idea 라 이데아	생각
la derecha 라 데레차	오른쪽	la izquierda 라 이스끼에르다	왼쪽
derecho 데레초	똑바로, 일직선으로	torcer 또르쎄르	꺾어지다, 돌다

긴급사항

57 경찰서에서
En la comisaría
엔 라 꼬미사리아

아가씨, 무엇을 도와 드릴까요?
¿En qué puedo servirla, señorita?
엥 께 뿌에도 세르비를라 세뇨리따
¿En qué puedo ayudarla, señorita?
엥 께 뿌에도 아유다를라 세뇨리따

핸드백을 잃어 버렸습니다
He perdido mi bolso.
에 뻬르디도 미 볼소

대단히 죄송합니다만
Lo siento mucho.
로 씨엔또 무초

핸드백이 어떻게 생겼는지 저에게
말씀해 주실 수 있겠습니까?
¿Puede decirme cómo es el bolso?
뿌에데 데씨르메 꼬모 에스 엘 볼소

작고 하얗습니다.
Es pequeño y blanco.
에스 뻬께뇨 이 블랑꼬

아닙니다, 크고 검습니다.
No, es grande y negro.
노 에스 그란데 이 네그로

단어 공부

ayudar 아유다르	돕다	negro 네그로	검은
blanco 블랑꼬	흰, 하얀	pequeño 뻬께뇨	작은
el bolso 엘 볼소	핸드백	perder 뻬르데르	잃다
la comisaría 라 꼬미사리아	경찰서	sentir 센띠르	미안해 하다
decir 데씨르	말하다	servir 세르비르	봉사하다
grande 그란데	큰	siento 씨엔또	미안합니다

긴급사항

::: 여행할 때 주의사항

저자가 1982년 3월부터 해외여행 20여 차례에 짧게는 1개월, 길게는 2년 17일간 약 6년을 배낭 여행으로 스페인어권을 중심으로 50여 나라를 돌아다니며 직접 경험한 여행자가 꼭 지켜야 할 주의 사항이니 참고 바람.

1. 여행 가방은 되도록 간편히 준비할 것.
2. 여행국의 언어는 꼭 배워갈 것.
3. 어느 나라, 어느 곳이건 어둡기 전에 숙소에 들어가 밤에는 두문불출할 것(낮에도 위험한데 밤에 돌아다니는 것은 더더욱 위험).
4. 남자는 여자 조심, 여자는 남자 조심할 것.
5. 다음 도착지는 이른 아침이나 오전 중이 되도록 시간을 맞출 것.
6. 토요일 이른 오전과 일요일 이른 오전은 되도록 관광을 금할 것(인적이 드물어 강도 만날 가능성이 많음).
7. 낯선 사람의 지나친 호의나 주는 음식은 거절할 것.
8. 지하철을 탈 때는 배낭은 가슴쪽에 맬 것.
9. 환전은 길거리에서 하지 말고 은행이나 환전소에서 할 것.
10. 카메라는 되도록 싼 것으로 두세 대 준비할 것.
11. 여자 여행객은 몸에 액세서리는 단 하나도 부착하지 말 것.
12. 현금은 여러 곳에 분산 보관할 것.

부록

한서-서한

서한-한서

단어집

한글 — 스페인어

가게 la tienda.
가격 el precio.
가구 el mueble.
가구 딸린 방 la habitación amueblada.
가까이 cerca.
 …의 가까이 cerca de….
가능한 posible.
가득 찬 lleno, na.
가르마 la raya.
가르마를 타다 hacer raya.
가발 la peluca.
가솔린 la gasolina.
가스 el gas.
가져오다 traer.
가족 la familia.
가죽 el cuero.
가죽 구두 los zapatos de cuero.
가죽 손잡이 los agarradores colgantes de sujeción.
가지 [나무의] la rama.
가지 ((식물)) la berenjena.
가지고 가다 llevar
가지다 tener.

가치 el valor.
각자 cada uno.
간장 la salsa de soja.
갈리시아 ((지명)) Galicia.
갈아타기 el transbordo.
갈아타다 hacer transbordo, transbordar, cambiar.
갈증 la sed.
갈증 나다 tener sed.
갈증을 해소하다 matar la sed.
감기 el resfriado.
감기 걸린 resfriado, da.
감다 lavarse.
 머리를 감다 lavarse el pelo.
감사하는 agradecido, da.
감사합니다 Gracias; Estoy agradecido.
감아 주다 lavar.
감자 la patata; [중남미] la papa.
 다져 이긴 감자 las patatas majadas, el puré de papa.
갑(匣) la caja.
 반창고 한 갑 una caja de tiritas.
갑판 la cubierta.
갑판 의자 la silla de cubierta.

갑판 종업원 el camarero de cubierta.
값 el precio; el valor.
　값이 …이다 valer, costar.
　값이 얼마입니까? ¿Cuánto es?/¿Cuánto vale?/¿Cuánto cuesta?/¿A cómo es?/¿Qué precio tiene?
값싼 barato, ta.
강낭콩 la judía, el frijol, la habichuela.
같다 parecer.
개숫물통 el fregadero.
개인의 personal.
거기 ahí.
거룻배 la lancha.
거리 la calle.
거스름돈 la vuelta.
거울 el espejo.
걱정하다 temer, preocuparse.
걱정하지 마라 No te preocupes.
걱정하지 마세요 No se preocupe.
건강 la salud.
건물 el edificio.
　큰 건물 el edificio grande.
　하얀 건물 el edificio blanco.
걷다 andar.
걸어 가다 ir andando, ir a pie.
걸어서 a pie.

걸리다 [시간이] tardarse.
검역 la inspección sanitaria.
검은 negro, gra.
것 la cosa.
　…하는 것 lo que.
게이트 la puerta, la entrada.
겨자 la mostaza.
견습생 el aprendiz.
결코 (…이 아니다) nunca, jamás.
결혼 el casamiento.
결혼시키다 casar.
결혼하다 casarse.
결혼한 casado, da.
결혼했다 estar casado.
경에 a eso de.
　다싯 시 경에 a eso de las cinco.
경적 la bocina.
경찰관 el policía, el guardia.
경찰서 la comisaría.
경향이 있는 propenso, sa.
계란 el huevo.
계란 프라이 el huevo frito.
계속 la continuación.
계속하다 continuar.
계속해서 a continuación.
계속해서 …하다 continuar+현재 분사 ; seguir+현재 분사.
계좌 la cuenta.
고객 el cliente.

149

고급 [기름의] el Súper.
고기 la carne.
고뇌 la hiel.
고도 la altura, la altitud.
고물 la popa.
고장난 averiado, da.
고추 el chile, el ají.
고통 el dolor.
곧 dentro de poco.
곧잘 …하는 propenso, sa.
곱슬곱슬한 ondulado, da.
곱창 [안주의 일종] los callos.
곳 la parte.
　…하는 곳(에) donde.
공무원 el funcionario, la funcionaria.
공복 el hambre.
　심한 공복 mucha hambre.
공식의 oficial.
공식 시세 la cotización oficial.
공원 el parque.
공중전화 el teléfono público.
공책 el cuaderno.
공항 el aeropuerto.
과 y.
과일 la fruta.
과일 가게 la frutería.
과일 장수 el frutero, la frutera.
과일 접시 la fuente de fruta.
과실 la fruta.
과자 el dulce, las golosinas.

과자점 [마른 과자점] la confitería; [생과자점] la pastelería.
과테말라 ((나라)) Guatemala.
과테말라 사람 guatemalteco, ca.
관광 el turismo.
관광객 el turista, la turista.
관광 버스 el autocar, el autobús de turismo.
교수 el profesor, la profesora.
교실 la clase.
구(九) nueve.
구두 el zapato.
구두 끈 el cordón de zapato.
구두 못 el clavo.
구두닦이 el limpiabotas.
구두약 el betún.
구둣방 la zapatería.
구둣솔 el cepillo para los zapatos.
구둣주걱 el calzador.
구명보트 el paquebote, el barco de línea.
구명조끼 el chaleco salvavidas.
구백 novecientos, tas.
구십 noventa.
구월 septiembre.
구운 asado, da.
국 la sopa.
국그릇 la sopera.

국산의 nacional.
국적 la nacionalidad.
굽 el tacón.
  굽이 높은 구두 los zapatos de tacón alto.
  낮은 굽 el tacón bajo.
  높은 굽 el tacón alto.
궐련 el cigarrillo.
궐련갑 el estuche de cigarrillos.
궐련용 물부리 la boquilla.
귀걸이 el pendiente de las orejas.
귀금속품 la joya.
귀중품 el objeto de valor.
귀하 usted.
귤 la naranja.
그¹ [인칭 대명사] él.
  그의 su, suyo.
  그의 것 el suyo, la suya.
그² [지시 형용사] ese, esa.
그것 ése, ésa; eso.
그것을 lo, la.
그녀 ella.
그녀의 su, suyo.
그녀의 것 el suyo, la suya.
그라나다 ((지명)) Granada.
그러나 pero.
그런 tal.
그런데 a propósito.
그렇게 así.

그레이프프루트 la toronja.
그리고 y.
그물 la red.
그물 선반 la rejilla para equipajes, el posa-equipajes.
극(劇) el teatro, el drama.
극복하다 vencer.
금요일 el viernes.
급하다 tener prisa.
급행 el rápido, el tren rápido.
급행 열차 el tren rápido, el tren expreso.
기관장 [선박의] el jefe de máquinas.
기꺼이 con mucho gusto.
기내(機內) la cabina.
기념품 el recuerdo.
기다리다 esperar.
기름 el aceite.
기쁨 el gusto.
기성품 el traje hecho.
기어 전환 장치 el cambio de marcha.
기장(機長) el capitán.
기차 el tren.
  기차를 타고 en tren.
  기차 안에서 en el tren.
기착 la escala.
기항 la escala.
기항지 el puerto de escala.

기혼자 el casado, la casada.
긴 largo, ga.
길 el camino.
길을 잃다 perderse.
길을 잃어버렸습니다. Me he perdido.
길다 ser largo.
길모퉁이 la esquina.
까지 hasta, a.
깨어나다 despertarse.
꺾어지다 [길을] tomar, torcer, doblar.
  오른쪽으로 꺾어지십시오. Tuerza [Tome · Doble] a la derecha.
껌 el chicle.
꼬드기다 tentar.
꽃양배추 la coliflor.
꿀 la miel.
끝내다 terminar.
끽연차 el coche para fumar.

나 yo; [전치사 다음에서] mí.
나무 술통 el barril.
나쁘게 mal.
나쁜 malo; mal.
나의 mi.
나이 la edad, el año.
나이가 … 이다 tener … años.
나이프 el cuchillo.
난간 el pasamano.
난방 la calefacción.
난방 기구 el calentador.
날 el día.
날마다 todos los días.
날씨 el tiempo.
  날씨가 …하다 hacer tiempo.
  궂은 날씨 mal tiempo.
  좋은 날씨 buen tiempo.
남(男) el hombre.
남기다 dejar.
남다 faltar, quedarse.
남동생 el hermano.
남편 el marido, el esposo.
낮 el día.
낳다 nacer.
내 mi.
내 것 el mío, la mía.
내년 el año próximo, el próximo año, el año que viene.
내리다 bajar.
내복 la ropa interior.
내의 la ropa interior.
내일 mañana.
냄비 la cacerola.
너 tú; [전치사 다음에서] ti.
  너를 te, a ti.
  너에게 te, a ti.

너의 tu, tuyo.
너무 demasiado.
너희들 vosotros, tras.
너희들에게 os, a vosotros.
너희들을 os, a vosotros.
네 tu.
네 것 el tuyo, la tuya.
넥타이 la corbata.
넷 cuatro.
노란 amarillo, lla.
노출계 el exposímetro.
노트북 컴퓨터 el ordenador portátil.
놓다 poner.
놓치다 perder.
누구 quién.
누구를 a quién.
누구에게 a quién.
누구의 de quién.
누나 la hermana.
누이 la hermana.
눕다 acostarse.
눕히다 acostar.
느끼다 sentir.
늘 siempre.
늦게 tarde.
늦게 도착하다 llegar tarde.
늦다 tardar.

ㄷ

다른 otro, tra.
다른 물건 otra cosa.
다섯 cinco.
다스 la docena.
다시 otra vez.
다시 …하다 volver a+*inf*.
다음 próximo, ma
다음 달 el mes próximo, el mes que viene.
다음 주 la semana próxima, la semana que viene.
다음 해 el año próximo, el año que viene.
다이끼리 [쿠바의 칵테일] el daiquiri.
다이아몬드 el diamante.
다이어트 la dieta.
다이얼을 돌리다 marcar.
단 [맛이] dulce.
단지 sólo, solamente.
단체표 el billete colectivo.
단편 소설 el cuento.
닫다 cerrar.
  문을 닫다 cerrar la puerta.
달걀 el huevo.
달걀 그릇 la huevera.
달걀 노른자위 la yema.
달러 el dólar.
닭고기 el pollo.

담배 el tabaco.
  독한 담배 el tabaco negro.
  순한 담배 el tabaco rubio.
담배 가게 el estanco.
담배꽁초 la colilla de cigarrillo.
담배물부리 la pipa.
담뱃갑 la cajetilla de tabaco.
당근 la zanahoria.
당신 usted.
당신에게 le, a usted.
당신을 le, lo, la, a usted.
당신의 su, suyo.
당신의 것 el suyo, la suya.
당좌 예금 la cuenta corriente.
닻 el ancla.
대개 generalmente.
대답 la respuesta.
대사 el embajador, la embajadora.
대사관 la embajada.
대체(對替) la transferencia.
대체하다 transferir.
대하(大蝦) la langosta.
대학교 la universidad.
대합실 la sala de espera.
대형 접시 la fuente.
더 más.
  더 많이 más.
  더 적게 menos.
더블 la habitación con cama de matrimonio.

더위 el calor.
덜 menos.
덥다 [날씨가] hacer calor; [몸이] tener calor.
덮다 cubrir.
도넛 el buñuelo.
도둑 el ladrón, la ladrona.
도둑 맞다 robarse.
도매상 el mayorista.
도선사 el piloto.
도시 la ciudad.
도시의 중심지 el centro de la ciudad.
도중 하차 la parada intermedia.
도착 la llegada.
도착하다 llegar.
독감 la gripe.
독일 ((나라)) Alemania.
돈 el dinero.
돈지갑 el billetero.
돌다 tomar, torcer, doblar.
  오른쪽으로 도세요 Tome [Tuerza · Doble] a la izquierda.
  왼쪽으로 도세요 Tome [Tuerza · Doble] a la izquierda.
돌아가다 volver.
돌아오다 volver.
돕다 ayudar.

스스로 돕다 ayudarse.
동생 el hermano, la hermana.
동전 la moneda.
돼지 el cerdo, el puerco.
돼지고기 la carne de cerdo.
됐습니다 Perfectamente, Muy bien.
되도록 빨리 lo pronto posible.
두다 dejar.
두려워하다 temer, tener miedo de.
두 번째(의) segundo, da.
　segunda clase 2등.
둘 dos.
둘째 el segundo.
뒤에 detrás.
　…의 뒤에 detrás de ….
뒤집어씌우다 achacar.
드라마 el drama.
드라이어 el secador del pelo.
드롭스 el bombón.
들다 [먹다] servirse.
들리다 pasar por.
들어가다 entrar.
들어갈 수 있다 caber.
들어오다 entrar, pasar.
들어오세요 Pase.
등기 el certificado.
등기로 보내다 certificar.
등심 el solomillo.
등심살 el solomillo.

디스켓 el disco flexible.
디저트 el postre.
디저트로 de postre.
따라가다 seguir.
딸 la hija.
땀¹ el sudor.
땀² [바늘땀] la puntada.
딸기 la fresa.
땅콩 el cacahuete, el maní.
때 el tiempo.
떠나다 marcharse.
똑바로 derecho, directo.
똑바로 가십시오. Siga derecho.
똘레도 ((지명)) Toledo.
뜨거운 caliente.
뜨거운 물 el agua caliente.
뜻 있는 곳에 길이 있다.
　Querer es poder.

라거 맥주 la cerveza lager.
라디오 la radio.
라이터 el encendedor, el mechero.
라이터돌 la piedra para los encendedores, la piedra para los mecheros.
럼 el ron.
럼주 el ron.

레몬 el limón.
레온 ((지명)) León.
레인코트 el impermeable.
레코드 el disco.
로비 el vestíbulo, el salón de entrada.
롤빵 el panecillo.
롤필름 el rollo.
　24매 롤필름 el rollo de 24 fotos.
루비 el rubí.
룸 서비스 el servicio de restaurante en las habitaciones.
리터 el litro.

마시다 beber, tomar.
　커피를 마시다 tomar el café.
마실 것 la bebida.
마요네즈 la mayonesa.
마요네즈 소스 la salsa mayonesa.
마지막의 último, ma
마지막 날 último día.
마차 el carro.
마카로니 los macarrones.
마카로니 치즈 los macarrones con queso.
마크 la marca.
막대기 la barra.
만 sólo, solamente.
만나다 ver.
　서로 만나다 verse.
만년필 la estilográfica.
만들다 hacer.
만족한 satisfecho, cha.
많은 mucho, cha.
　많은 돈 mucho dinero.
　많은 물 mucha agua.
　많은 책 muchos libros.
　많은 집 muchas cassas.
많이 mucho.
　많이 드십시오. Buen apetito; Buen provecho; Que aproveche.
　많이 먹었습니다. Estoy lleno.
말일 último día.
말하다 hablar, decir.
맛 el sabor.
　… 맛이 나다 saber a.
맛보다 probar.
맛있는 rico, sabroso, delicioso.
망고 ((과일)) el mango.
망원경 el telescopio, el catalejo.
맡기다 guardar.
매니큐어 la manicura.
매니큐어를 바르다 hacer manicura.

매우 muy.
매운 picante.
매일 todos los días.
매장 el departamento.
매표구 la taquilla.
매표소 la taquilla.
매표원 el taquillero, la taquillera.
맥주 la cerveza.
머리 la cabeza.
　머리를 올리다 hacer un moño.
머리 감기 el lavado de cabeza.
머리 깎기 el corte de pelo.
머리 모양 el (estilo de) peinado.
머리 솔 el cepillo de pelo.
머리 인두 las tenacillas de rizador.
머리카락 el pelo.
머리핀 la horquilla.
머물다 quedarse.
머플러 la bufanda.
먹다 comer, tomar.
　많이 먹었습니다 Estoy lleno.
　잘 먹었습니다 Estoy satisfecho.
멀리 lejos.
멀미 el mareo.
멀미하다 marear, marearse.
메뉴 el menú, la lista de platos.
메달 la medalla.
멕시코 ((나라)) México.
멜론 el melón.
면도 el afeitado.
면도기 la afeitadora, la maquinilla de afeitar, la navaja.
　전기 면도기 la afeitadora eléctrica.
면도날 la hoja de afeitar.
면도칼 la navaja.
면도칼날 la hoja de afeitar.
면도하다 [남을] afeitar; (자신의 수염을) afeitarse.
면세 la franquicia.
면세점 la tienda libre.
면세품 el artículo libre de impuestos.
면제 la franquicia.
멸치 la anchoa.
명인 el maestro.
모닝콜 la llamada de la mañana.
모닝콜하다 llamar (por la mañana).
모든 todo, da.
모든 것 todo.
모레 pasado mañana.
모양 la forma.
모조 la imitación.

모조품 la imitación.
모포 la manta.
모험하다 aventurarse.
목 el cuello.
목걸이 el collar.
목구멍 la garganta.
목기(木器) la escudilla.
목도리 la bufanda.
목요일 el jueves.
목욕 el baño.
목욕시키다 bañar.
목욕 타월 la toalla de baño.
목욕하다 bañarse.
목욕해라 Báñate.
목적지 el destino.
몫 la ración.
몸 el cuerpo.
무 el rábano, el nabo.
무게 el peso.
무게를 달다 pesar.
무릎 la rodilla.
무슨 qué.
무엇 qué.
무착륙 비행 el vuelo directo.
무화과 el higo.
문 la puerta.
문방구 la papelería.
문방구점 la papelería.
물건 la cosa, el objeto.
물고기 el pez.
물론 Desde luego: Claro que sí; Naturalmente.
물론 아닙니다. Claro que no.
미국 los Estados Unidos de América.
미국의 estadounidense.
미나리 el perejil.
미등(尾燈) la luz trasera.
미술관 el museo.
　프라도 미술관
　el Museo del Prado.
미안술 el tratamiento facial.
미안합니다 Lo siento.
미안해 하다 sentir.
미용사 la peluquera.
미장원 la peluquería (de señoras), el salón de belleza.
미혼 el soltero, la soltera.
미화(美貨) el dólar estadounidense.
믿다 creer.
밀크 la leche.
밀크 잔 la jarra de leche.
밀크 커피 el café con leche.
밀크 한 잔 una leche, una taza de leche.

바 el bar.

바꾸다 cambiar.
바꿔타기 el transbordo.
바꿔타다 hacer transbordo.
바나나 el plátano.
바다 el mar, la mar.
바라다 querer.
바라보다 mirar.
바람 el viento.
바로 mismo.
   바로 저것 aquél mismo.
   지금 바로 ahora mismo, ahorita.
바르셀로나 ((지명)) Barcelona.
바리캉 la maquinilla para cortar el pelo.
바쁘다 estar ocupado.
바쁜 ocupado, da.
바지 los pantalones, el pantalón.
바텐더 el barman, el camarero.
박물관 el museo.
박사 el doctor, la doctora.
박아넣다 engastar.
박하 la menta.
밖에 fuera.
반(半) medio; [시간의] media.
반(班) la clase.
반가웠습니다 Mucho gusto.
반광택지 el mate.
반지 el anillo; la sortija.
반창고 la tirita.

받다 recibir.
받아들이다 aceptar.
받침 접시 el platillo.
발 el pie.
발목 el tobillo.
발생하다 [일이] pasar, ocurrir.
발코니 el balcón.
발행인 [수표의] el remitente.
밝은 claro, ra.
밤(夜) la noche.
밤색의 castaño, ña.
방 la habitación, el cuarto.
   빈 방 la habitación libre.
   2인용 방 la habitación doble.
   1인용 방 la habitación individual.
방값 el alojamiento.
방금 …했다 acabar de+*inf.*
   방금 서울에 도착했다 Acabo de llegar a Seúl.
방문 la visita.
방문하다 visitar.
방학 las vacaciones.
   방학으로 de vacaciones.
   겨울 방학 las vacaciones de invierno.
   여름 방학 las vacaciones de verano.
배¹ ((과일)) la pera.
배² [선박] el barco, el buque.

배³ [복부] el abdomen, el vientre.
배(倍) la vez. 두 배 dos veces.
배다리 el puente.
배부른 harto, ta.
배탈이 나다 tener flojedad intestinal.
백(百) ciento, cien.
백과 사전 la enciclopedia.
백만 millón.
백발 la cana.
백포도주 el vino blanco.
백화점 los grandes almacenes.
버섯 el hongo, el champiñón.
버스 el autobús.
버스로 en autobús.
버스 안에서 en el autobús.
버스 정류소 la parada de autobús.
버스 터미널 la terminal de autobuses.
버찌 la cereza.
버터 la mantequilla.
버터 바른 토스트 la tostada con mantequilla.
번 la vez.
  두 번 dos veces.
범퍼 el amortiguador, el parachoque.
벗다 quitarse.
  옷을 벗다 quitarse la ropa.
베개 la almohada.
베르무트 el vermú, el vermut.
베이컨 el tocino.
베이컨 에그 el tocino y huevo.
벨트 el cinturón de seguridad.
벽 la pared.
벽난로 la chimenea francesa.
변소 el servicio.
변호사 el abogado, la abogada.
별미의 exquisito, ta.
병(病) la enfermedad.
병(瓶) la botella.
병맥주 la cerveza embotellada.
병원 el hospital, la clínica.
보관하다 guardar.
보기 la vista.
보내다 enviar.
보다 ver.
보석 la joya, la piedra preciosa.
보석상 [가게] la joyería; [사람] el joyero, la joyera.
보여주다 mostrar.
보이 el botones, el mozo, el camarero.
보통 generalmente.
  보통의 ordinario, ria; corriente; general.
보통열차 el tren ordinario.
복숭아 el melocotón, el

durazno.
본사 la central.
본적 el domicilio registrado.
본점 la central.
볼펜 la boligrafo.
봉사 el servicio.
   봉사되다 servirse.
   봉사하다 servir.
봉사료 el servicio.
부(部) el departamento.
부두 el muelle.
부르다 llamar.
   택시를 부르다
   llamar un taxi.
부모 los padres.
부분 la parte.
부추 el puerro.
부츠 las botas.
부터 desde.
분(分) el minuto.
불시착 el aterrizaje forzoso.
붉은 rojo, ja.
브랜디 el brandy.
브레이크 el freno.
브로치 el broche.
브로콜리 los brécoles.
블라우스 la blusa.
블랙커피 el café solo.
비(雨) la lluvia.
비가 내리다 llover.
비계 la grasa, la manteca.

비누 el jabón.
비상구 la salida de emergencia.
비스킷 la galleta.
비싼 caro, ra.
비옷 el impermeable.
비자 el visado; [중남미] la visa.
비프스테이크 el bistec, el biftec.
비행기 el avión.
비행기로 en avión.
비행기 안에서 en el avión.
빈 libre.
빈 방 la habitación libre.
빈 자리 el asiento libre
빈 좌석 la plaza libre.
빌어먹을! ¡Maldita sea!
빗 el peine.
빗다 peinar; [자신의 머리를] peinarse.
빠른우편 el correo urgente.
빠른우편으로 por correo urgente.
빠에야 [요리] la paella.
빨리 pronto.
빵 el pan.
빵 두 개 dos barras de pan.
빵집 la panadería.
빼다 extraer.
   이를 빼다 extraer el diente.

뻬소 [화폐 단위] el peso.
뻬다 torcerse.
   발목을 삐다 torcerse el tobillo.
삠 la torcedura.

사(四) cuatro.
사과 ((과일)) la manzana.
사과주 la sidra.
사다 comprar.
사람 el hombre.
   …하는 사람 quien, el que.
사랑 el amor.
사랑하다 amar, querer a.
사립 병원 la clínica.
사무소 la oficina.
사무실 la oficina.
사무장 el contador.
사백 cuatrocientos.
사분의 일 un cuarto.
사십 cuarenta.
사용 el uso.
사용하다 usar.
사월 abril.
사이즈 el tamaño, la medida.
   작은 사이즈 el tamaño pequeño.
   중간 사이즈 el tamaño mediano.
   큰 사이즈 el tamaño grande.
사전 el diccionario.
사진 la foto, la fotografía.
사촌 el primo, la prima.
사파이어 el zápiro.
산소 마스크 la máscara de oxígeno.
산책 el paseo.
산책 갑판 la cubierta de paseo.
산책하다 pasear, dar un paseo.
살구 el albaricoque.
살찌다 engordar.
삶은 계란 el huevo pasado por agua.
삼(三) tres.
삼각(三脚) el trípode.
삼각가(三脚架) el trípode.
삼발이 el trípode.
삼백 trescientos.
삼십 treinta.
삼월 marzo.
상관없다 No importa.
상상하다 suponer.
상자 la caja.
상점 la tienda.
상처 el daño, la herida.
상추 la lechuga.
상표 la marca.
새끼 양 el cordero.
새끼 양고기 la carne de cordero.

새우 gamba.
색(色) el color.
색조 el tono.
샌드위치 el bocadillo, el sándwich.
  오징어 샌드위치 el bocadillo de calamar.
샐러드 la ensalada.
생각하다 pensar, creer, parecer, suponer.
생강 el jengibre.
생과자점 la pastelería.
생기다 [일이] pasar, ocurrir.
생년월일 la fecha de nacimiento.
생맥주 la cerveza de barril, la cerveza de tonel.
생선 el pescado.
생일 el cumpleaños.
생일을 축하합니다! ¡Feliz cumpleaños!
샤워 la ducha.
샤워하다 ducharse.
샴페인 el champán, la champaña.
샴푸 el champú.
서두르다 darse prisa.
서명하다 firmar.
서비스 el servicio.
서비스료 el servicio.
서울 ((지명)) Seúl.

서점 la librería.
선(線) [기차의] la vía.
  …번선 la vía número ….
선객 el pasajero.
선교(船橋) el puente.
선글라스 las gafas de sol, las gafas de nieve.
선물 el regalo.
선물하다 regalar.
선미(船尾) la popa.
선수(船首) la proa.
선실 el camarote.
선실 여자 종업원 la camarera de camarote.
선장 el capitán.
선창 el muelle.
설거지물통 el fregadero.
설비 las facilidades, las comodidades.
설탕 el azúcar.
섭섭하다 sentir.
성인 el santo, la santa.
세고비아 ((지명)) Segovia.
세관 la aduana.
세관원 el aduanero, la aduanera.
세금 el impuesto.
세면대 el lavabo.
세탁소 la lavandería.
세트하다 [머리를] marcar.
센티모 [화폐 단위] el céntimo.

163

셀러리 el apio.
셀프서비스 el autoservicio.
셀프타이머 el disparador automático.
셋 tres.
셔츠 la camiseta.
셔터 el disparador.
셰리 el Jerez.
소 ((동물)) [암소] la vaca.
소가죽 el cuero de vaca.
소가죽 구두 los zapatos de cuero de vaca.
소개하다 presentar.
소고기 la carne de vaca.
소금 la sal.
소금 그릇 el salero.
소다 la soda.
소매상 el minorista, el detallista.
소설 la novela.
소스 la salsa.
소시지 la salchicha.
소포 el paquete.
소포로 만들다 hacer un paquete.
소화 불량 la indigestión.
속담 el proverbio.
속도 la velocidad.
속도 제한 el límite de velocidad, la velocidad máxima.

속옷 la ropa interior.
속이다 engañar.
손 la mano.
손가락 el dedo.
손님 el cliente.
손수건 el pañuelo.
손수레 la carretilla.
손질하다 arreglar.
손톱 la uña.
송금 la remesa.
송금하다 enviar dinero.
송아지 고기 la ternera.
쇠고기 la carne de vaca.
쇼핑 la compra, las compras.
쇼핑 가다 ir de compras.
수(數) el número.
수건 la toalla.
수건걸이 el toallero.
수리하다 arreglar.
수박 la sandía.
수송기 el avión de transporte.
수수료 la comisión.
수업 la clase.
수요일 el miércoles.
수정 el cristal.
수표 el cheque.
수표책 el talonario de cheque.
수프 la sopa.
수프 그릇 la sopera.
수하물 el equipaje.
수하물 교환권 el talón de

equipajes.
수하물 예치소 la consigna.
수하물 취급소 el despacho de equipajes.
숙박부 el registro, el libro de registro.
순한 rubio, bia.
순한 담배 tabaco rubio.
숟가락 la cuchara.
숫자 el número.
쉬다 descansar.
슈퍼마켓 el supermercado.
스냅 la instantánea.
스물 veinte.
스웨터 el jersey, el suéter.
스카프 el pañuelo para el cuello.
스커트 la falda.
스타킹 la media.
스튜어드 el sobrecargo.
스튜어디스 la azafata.
스파게티 los macarrones delgados, el spaghetti.
스페어타이어 la rueda de repuesto.
스페인 ((나라)) España.
스페인 사람 el español, la española.
스페인어 el español.
스페인 요리 la comida española, el plato español.
스페인의 español, la
슬라이드 la diapositiva.
승강기 el ascensor.
승객 el pasajero.
승무원 el tripulante.
시(時) la hora.
시(詩) el poema, la poesía.
시가 [여송연] el cigarro.
시간 la hora, el tiempo.
   시간을 예약하다 reservar hora, pedir hora.
   시간은 돈이다
   El tiempo es oro.
시간표 el horario.
시계 el reloj.
시계 장수 el relojero.
시계포 la relojería.
시금치 la espinaca.
시럽 el almíbar, el jarabe.
시설 las facilidades, las comodidades.
시세 la cotización.
시야 la vista.
시월 octubre.
시인 el poeta, la poetisa.
시작하다 empezar, comenzar.
시장(市場) el mercado.
시집(詩集) la antología de poesías.
시차 la diferencia horaria.
시트 la sábana.

식당 el restaurante, el comedor.
식당차 el coche restaurante, el coche-restaurante, coche-comedor.
식료품 el comestible.
식료품 가게 la tienda de comestibles.
식사 la comida.
식욕 el apetito.
식욕이 왕성하다 tener mucho apetito.
식초 el vinagre.
신 [맛이] ácido, da.
신(神) Dios.
신고하다 declarar.
신고할 것 algo que declarar.
신다 calzar, ponerse.
신문 el periódico; [일간지] el diario.
신분증 el carné.
신어 보다 probarse.
신용장 la carta de crédito.
신용 카드 la tarjeta de crédito.
실수 la falta.
싫증난 harto, ta.
심한 tremendo, da.
십(十) diez.
십구 diez y nueve, diecinueve.
십륙 diez y seis, dieciséis.
십만 cien mil.
십사 catorce.
십삼 trece.
십오 quince.
십오분 cuarto.
십이 doce.
십이월 diciembre.
십일 once.
십일월 noviembre.
십칠 diez y siete, diecisiete.
십팔 diez y ocho, dieciocho.
싱거운 desabrido, da.
싱글 la habitación individual.
싱싱한 fresco, ca.
쌀밥 el arroz, el arroz blanco.
쌍 el par.
쌍안경 los gemelos.
쏘다 [벌 따위가] picar.
쓴 [맛이] amargo, ga.
쓸개즙 la hiel.
씌우다 [이를] poner un puente.
씻다 lavar.
  (자신의) 몸을 씻다 lavarse.

아 ¡Ah!
아내 la mujer, la esposa.
아니다 no.
아들 el hijo.

아르헨티나 ((나라)) la Argentina.
아름다운 hermoso, sa.
아메리카 la América.
아몬드 la almendra.
아무것도 …이 아니다 nada, no … nada.
아바나 ((지명)) La Habana.
아버지 el padre.
아빠 el papá.
아스파라가스 el espárrago.
아이스크림 el helado.
아직 todavía.
아침 la mañana.
아침밥 el desayuno.
아침밥을 먹다 desayunar.
아카데미 la academia.
아프게 하다 hacer daño.
아프다 doler, tener dolor, estar enfermo.
아픈 enfermo, ma.
아픔 el dolor.
아홉 nueve.
안경 las gafas.
안내 la información.
안내소 la información.
안녕 ¡Adiós!
　안녕히 계십시오[가십시오] ¡Adiós!
　안녕하십니까
　(오전) Buenos días.
　(오후) Buenas tardes.
　(밤) Buenas noches.
안달루시아 ((지명)) Andalucía.
안됐다 Lo siento.
안락 의자 [자동차의 뒤로 젖힐 수 있는] el asiento reclinable.
안심 [소·돼지의] el filete.
안전 벨트 el cinturón de seguridad.
안전 지대 el paso de cebra, el burladero.
앉다 sentarse.
알다 saber, conocer.
알리다 avisar.
알았습니다 Perfectamente.
알약 la pastilla, la tableta.
앞에 delante.
　…의 앞에 delante de….
앞치마 el delantal.
액셀러레이터 el acelerador.
야간 열차 el tren nocturno.
야채 la verdura.
야채 가게 la verdulería.
약(藥) la medicina, el medicamento.
약간 un poco, algo.
약간의 un poco de.
약국 la farmacia.
약제사 el farmacéutico.
양 [새끼] el cordero.

양가죽 술부대 el odre.
양고기 el carnero; [새끼] el cordero.
양구이 el cordero asado.
양념 los condimentos.
양말 el calcetín.
양배추 la col.
양파 la cebolla.
양품 los géneros de punto.
양품점 la mecería.
양화(陽畵) la positiva.
양화점 la zapatería.
어금니 la muela.
어금니가 아프다 doler la muela, tener dolor de muela.
어두운 oscuro, ra.
어디 dónde.
어디로 a dónde, adónde.
어디로 해서 por dónde.
어디에 a dónde, adónde.
어디에서 de dónde.
어디의 de dónde.
어떤 alguno, algún.
어떤 것 cuál.
어떻게 cómo.
어떻게 지내세요? ¿Cómo está usted?
어제 ayer.
언어 la lengua.
언제 cuándo.

언제나 siempre.
얼마 cuánto.
얼마나 많은 cuánto, ta.
엄청나군요 ¡Válgame Dios!
에메랄드 la esmeralda.
에서 de, desde.
에세이 el ensayo.
에스컬레이터 la escalera mecánica.
엘리베이터 el ascensor.
여(女) la mujer.
여객기 el avión de pasajeros.
여객선 el barco de pasajeros.
여관 la pensión.
여권 el pasaporte.
여덟 ocho.
여동생 la hermana.
여러 가지의 varios.
여비 el pasaje.
여섯 seis.
여송연 el cigarro.
여자 la mujer.
여자 종업원 la camarera, la moza.
여행 el viaje.
  좋은 여행이 되십시오. ¡Buen viaje!
여행 가방 la maleta.
여행 목적 el propósito de viaje.
여행자 el viajero.

여행자 수표 el cheque de viajeros.
여행하다 viajar, hacer un viaje.
역 la estación.
역의 창구 la taquilla.
역장 el jefe de la estación.
역시 también.
연락처 la dirección de contacto.
연어 el salmón.
연필 el lápiz.
연필깎이 el sacapuntas.
연회 el banquete.
열 diez.
열(熱) la fiebre.
열넷 catorce.
열다 abrir.
　문을 열다 abrir la puerta.
　창문을 열다 abrir la ventana.
열다섯 quince.
열둘 doce.
열리다 abrirse.
열린 abierto, ta.
열병 la fiebre.
열셋 trece.
열쇠 la llave.
열아홉 diez y nueve, diecinueve.
열여덟 diez y ocho, dieciocho.
열여섯 diez y seis, dieciséis.
열일곱 diez y siete, diecisiete.

열하나 once.
염색 el tinte.
염색하다 dar un tinte.
염증 la inflamación.
엽궐련 el cigarro.
엽서 la postal.
영국 ((나라)) Inglaterra.
영국 파운드 la libra esterlina.
영사기 el proyector.
영수증 el recibo.
영어 el inglés.
영화 la película; el cine.
영화 카메라 la cámara cinematográfica.
영화 필름 la película de cine.
옆 el lado.
　…의 옆에 al lado de …, junto a ….
예 sí.
예금 el depósito.
예금하다 depositar.
예방 접종 la vacunación.
예방 접종 증명서 certificado sanitario; certificado de vacunación.
예비 바퀴 la rueda de repuesto.
예쁜 bonito, lindo.
예약 la reserva, la reservación.
예약하다 reservar.
예정 체류 기간 el tiempo de

permanencia.
오(五) cinco.
오늘 hoy.
오늘 밤 esta noche.
오늘 아침 esta mañana.
오늘의 정식[메뉴] el menú del día.
오늘 저녁 esta noche.
오다 venir.
오래 mucho tiempo.
오랫동안 mucho tiempo.
오래된 antiguo, gua.
오렌지 la naranja.
오렌지색 el naranja, el color naranja.
   오렌지색의 naranja.
오렌지 주스 el zumo de naranja, el jugo de naranja.
오르다 subir.
오른쪽 la derecha.
   오른쪽의 derecho, cha.
   오른쪽으로 a la derecha.
오믈렛 la tortilla.
오백 quinientos.
오버슈즈 los chanclos.
오십 cincuenta.
오월 mayo.
오이 el pepino.
오전 la mañana.
오토바이 la motocicleta.
오트밀 la gacha de avena.
오팔 el ópalo.
오후 la tarde.
오후에 por la tarde.
옥수수 el maíz.
옥수수 부침개 la tortilla.
온몸 todo el cuerpo.
올리다 subir.
올리브 [열매] la aceituna; [나무] el olivo.
옳다 tener razón.
옷 la ropa.
와 y.
와이셔츠 la camisa.
와이퍼 el limpiaparabrisas.
완두 el guisante.
완전한 perfecto, ta.
완전히 perfectamente.
왕립 한림원 la Real Academia.
왕복 ida y vuelta.
왕복표 el billete de ida y vuelta.
왕새우 la langosta.
외관 la apariencia.
외국 el extranjero.
   외국의 extranjero.
외국어 la lengua extranjera.
외국인 el extranjero, la extranjera.
왼쪽 la izquierda.
   왼쪽의 izquierdo, da.
   왼쪽으로 a la izquierda.

요금 el pasaje.
요금표 la lista de precios.
요리 la cocina.
요리사 el cocinero, la cocinera.
요리하다 cocer.
욕실 el baño, el cuarto de baño.
욕조 la bañera.
용서하다 perdonar.
우선 de momento.
우유 la leche.
우유 그릇 la jarra de leche.
우유잔 la jarra de leche.
우체국 la oficina de correos.
우현 el estribor.
우편 el correo.
우편 요금 el franqueo.
우표 el sello.
우회 도로 la carretera de derivación, la carretera de circunvalación.
운(運) la suerte.
운이 좋다 tener mucha suerte.
운임 el pasaje.
운전 la conducción.
운전 면허증 el carné de conducir.
운전수 el chófer, el conductor.
운전하다 conducir.
웃다 reír.

원금 el principal.
원하다 desear, querer.
월간 잡지 la revista mensual.
월요일 el lunes.
웨이퍼 [양과자의 하나] el barquillo.
위스키 el güisqui, el whisky.
위하여 para.
윗 어금니 la muela de arriba.
윙윙 울리다 zumbar.
　귀가 윙윙 울리다 zumbar los oídos.
유감이다 Lo siento.
유로 el euro.
유료 도로 el autopista de peaje.
유실물 el objeto perdido.
유실물 센터 la oficina de objetos perdidos, la oficina de reclamaciones.
유월 junio.
유행성 감기 la gripe, la influenza.
유혹하다 tentar, encantar.
육(六) seis.
육백 seiscientos.
육십 sesenta.
은행 el banco.
은행원 el empleado (de banco).
음료 la bebida.

음료로 de bebida.
음식 la comida.
음화(陰畵) el negativo.
의류 la ropa.
의사 el médico, la médica; el doctor, la doctora.
이 [지시 형용사] este, ta.
이(二) dos.
이(齒) el diente.
　이의 dental.
이것 [중성 지시 대명사] esto; [지시 대명사] éste, ésta.
이다 ser, estar.
이등(二等) la segunda clase.
이륙 el despegue.
이륙하다 despegar.
이름 el nombre.
이름이 …이다 llamarse.
이물 el proa.
이발 el corte de pelo, los recortes.
이발기 la maquinilla para cortar el pelo.
이발사 el peluquero.
이발소 la peluquería.
이백 doscientos, tas.
이베리라 항공 IBERIA.
이십 veinte.
이안 리플렉스 카메라 la cámara reflex de dos objetivos.
이어링 los pendientes de las orejas.
이용 el provecho.
이용하다 aprovechar.
이월 febrero.
이유 la razón.
이자 el interés.
이코노믹 클래스 la clase económica, la clase de turismo.
인터넷 el internet.
인화 la tirada.
인화하다 tirar copias.
일 el trabajo, la obra.
일(一) uno.
일(日) el día.
일곱 siete.
일등 la primera clase.
일반적으로 generalmente.
일본 ((나라)) el Japón.
일상 용품 el efecto personal.
일어나다 levantarse; [사건이] ocurrir, pasar.
일월 enero.
일일(一日) el primero.
일찍 temprano.
일찍 일어나다 madrugar, levantarse temprano.
일터 el trabajo.
일하다 trabajar.
잃다 perder.
　길을 잃다 perderse.

임시 버스 el autobús extra.
입국 la entrada.
있다 estar, encontrarse, hay.
잉크 la tinta.
잊다 olvidar.
잊어버리다 olvidarse.

ㅈ

자동차 el coche, el carro.
자동차로 en coche.
자동차 안에서 en el coche.
자동 판매기 la tragaperras.
자두 la ciruela.
자르다 cortar, cortarse.
자른 고기 la lonja, la tajada.
자매 la hermana.
자명종 el despertador.
자수정 el amatista.
자연 la naturaleza.
  자연의 natural.
자전거 la bicicleta.
작은 pequeño, ña.
작은 잔 la copita.
잔 la taza, la copa, el vaso.
  물 한 잔 un vaso de agua.
  커피 한 잔 una taza de café.
  포도주 한 잔
  una copa de vino.
잔교 el muelle.

잔돈 el suelto, el dinero
  suelto.
잘 bien.
잘 맞다 sentar bien, estar bien.
잘 먹었습니다. Estoy
  satisfecho.
잘못 la falta.
잘못 알다 equivocarse.
잠깐 el momento.
잠깐만 기다리세요. Espere un
  momento.
잠두 el haba.
잠자리에 들다 acostarse.
잡지 la revista.
장갑 los guantes.
장거리 la larga distancia.
장거리 전화를 하다 poner una
  conferencia de larga
  distancia.
장보기 la compra, las compras.
장보러 가다 ir de compras.
장식물 el ornamento.
재고품 el surtido.
잼 la mermelada.
잼 한 통 un tarro de
  mermelada.
저것 aquello.
저금 el ahorro.
저금하다 ahorrar.
저기 allí.
저녁밥 la cena.

저녁밥을 먹다 cenar.
저민 고기 la carne picada.
저주 la maldición.
저주받은 maldito, ta.
저주하다 maldecir.
적게 poco.
적은 poco.
적포도주 el vino tinto.
전(前) [시간에서] menos.
   오분 전 menos cinco.
전가시키다 achacar.
전문(專門) la especialidad.
전신(全身) todo el cuerpo.
전언 el recado.
전집 las obras completas.
전화 el teléfono, la llamada.
   전화를 끊다 colgar.
   전화를 끊지 마세요. No cuelgue.
전화 교환원 la telefonista.
전화 카드 la tarjeta de teléfono.
전화하다 telefonear, llamar, llamar por teléfono, hacer una llamada.
절판되다 agotarse la edición.
점심 el almuerzo, la comida.
점심을 먹다 almorzar.
점원 el dependiente, la dependiente, la dependienta.

점화 장치 la ignición.
접시 el plato.
접종 la vacuna.
접종하다 vacunar.
접질리다 torcerse.
   발목을 접질리다 torcerse el tobillo.
접촉 el contacto.
접촉하다 ponerse en contacto.
정각 en punto.
정거장 la estación.
정류소 la parada.
정시에 a la hora.
정식(定食) [호텔 등의] el cubierto.
정신일도 하사불성(精神一到何事不成) Querer es poder.
정육점 la carnicería.
정제(錠劑) la tableta, la pastilla.
정찬 la comida.
제과점 la pastelería.
제시간에 a tiempo.
제조 la fabricación.
젤리 la jalea.
조끼 el chaleco.
조리개 el iris, el diafragma.
조용한 tranquilo, la.
조이다 apretar.
조종사 el piloto.
종사하다 ocuparse, dedicarse.
종업원 el camarero, la

camarera; el mozo, la moza.
종점 la parada terminal.
좋아하다 gustar, preferir.
좋은 buen, bueno, buena.
　더 좋은 mejor.
　가장 좋은 el mejor.
　가장 좋게 mejor.
좌석 el asiento, la plaza.
좌석 번호 el número de asiento.
좌현 el babor.
죄송합니다
　Perdone; Lo siento.
주(週) la semana.
주간 잡지 la revista semanal, el semanario.
주문 el pedido.
주문하다 pedir.
주사 la inyección.
주사를 놓다 poner una inyección.
주스 el jugo, el zumo.
주유소 la gasolinera.
주유소 직원 el mecánico, la mecánica.
주점 la taberna, el mesón.
죽 las gachas, la papilla.
죽다 morir, morirse.
중간의 mediano, na.
중간 크기 el tamaño mediano.

중량 el peso.
중량 초과 el exceso de peso.
중앙 el centro.
중앙의 central.
중화 요리 la comida china, el plato chino.
즉시 en seguida.
증명서 el carné.
지갑 la cartera; [지폐용] el billetero.
지금 ahora.
지급 우편 el correo urgente.
지급 우편으로 por correo urgente.
지나가다 pasar.
지난 pasado, da.
지난 달 el mes pasado
지난 주 la semana pasada.
지난 해 el año pasado.
지방(脂肪) la grasa, la manteca.
지불하다 pagar.
지입 금지품 el artículo prohibido.
지진 달걀 el huevo revuelto.
지폐 el billete.
지하철 el metro.
직업 la profesión.
직원 el empleado, la empleada.
직장 el trabajo.
직접 directamente.

진실 la verdad.
진심으로 cordialmente.
진열창 el escaparate.
진주 la perla.
진하다 [커피 등이] estar cargado.
짐 el equipaje.
짐꾼 el portero; [역의] el mozo.
짐수레 el carro.
집 la casa.
짝 el par.
짠 [맛이] salado, da.
찌르다 picar.

ㅊ

차(車) el coche, el carro.
  차로 en coche.
  차 안에서 en el coche.
차(茶) el té.
  차를 마시다 tomar el té.
  차 세트 el juego de té.
차(差) la diferencia.
차량 [기차의] el coche, el vagón.
차액 la diferencia.
차액을 지불하다 pagar la diferencia.
차장 [기차의] el revisor; [버스의] el cobrador, la cobradora.
착륙 el aterrizaje.
착륙하다 aterrizar.
참외 el melón.
찻간 el compartimiento.
찻잔 la taza.
창 la ventana; [비행기의] la ventanilla.
  창측 좌석 el asiento junto a la ventanilla.
창구 la ventanilla.
창문 la ventana.
찾다 buscar.
채소 la verdura.
채소 가게 la verdulería.
책 el libro.
책방 la librería.
처럼 como.
처방전 la receta.
처음 뵙겠습니다 Mucho gusto. Encantado. (남자), Encantada. (여자)
천 la tela.
천(千) mil.
천만에요 De nada; No hay de qué.
천연두 la viruela.
천연의 natural.
첫째 el primero; [부사] primero.

첫째의 primero, ra.
청각 el oído.
체크아웃 el pago y la despedida.
체크아웃하다 dejar la habitación.
체크인 la llegada y el registro.
체크인하다 hacer la comprobación.
초과 el exceso.
초과 요금 el recargo.
초대 la invitación.
초대하다 invitar.
초음속기 el avión supersónico.
초점 el foco.
초콜릿 el chocolate.
축하하다 felicitar.
출구 la salida.
출납계원 el cajero.
출발 la salida.
출발하다 salir.
출입국 관리 la inmigración.
출판 la publicación.
출판물 las publicaciones.
출판하다 publicar.
충분히 bastante.
충전하다 [이를] empastar.
층 el piso.
   1층 el piso bajo.
   2층 primer piso
   3층 segundo piso.
   4층 tercer piso.
   5층 cuarto piso.
   6층 quinto piso.
치과 의사 el dentista, la dentista.
치과 의원 la clínica dental.
치료 la cura.
치료하다 curar.
치약 el dentífrico, la pasta dentífrica.
치즈 el queso.
치킨 el pollo.
친구 el amigo, la amiga.
친절 el favor, la amabilidad.
친절한 amable.
칠(七) siete.
칠레 ((나라)) Chile.
칠레의 chileno, na.
칠레 사람 el chileno, la chilena.
칠레산 포도주 el vino chileno.
칠백 setecientos.
칠십 setenta.
칠월 julio.
침대 la cama, la litera.
침대권 el billete de cama.
침대차 el coche-cama.
침대 커버 la cubrecama.
칫솔 el cepillo de dientes.

카나리아의 canario, ria.
카드 la tarjeta.
카디건 la chaqueta de punto.
카레 el curry.
카메라 la cámara.
카메라점 la tienda de cámaras.
카메오 el camafeo.
카운터 el mostrador.
카탈루냐 ((지명)) Cataluña.
칸 [기차의] el departamento.
캐러멜 el caramelo.
캐럿 el quilate.
캐비아 el caviar.
캐비지 la col.
캔디 los bombones, los confites.
커스터드 la natilla, el flan.
커틀릿 la chuleta.
커피 el café.
　커피 한 잔 un café,
　una taza de café.
커피 세트 el juego de café.
커피포트 la tetera.
컬러 필름 la pelicula en color.
컴퓨터 el ordenador, la computadora.
케이크 la torta, el pastel.
코 la nariz.
코감기 el catarro nasal.
코담배 el rapé.

코냑 el coñac.
콘플레이크 las hojuelas de maíz.
콜레라 la cólera.
콜롬비아 ((나라)) Colombia.
콜롬비아의 colombiano, na.
콜롬비아 사람 el colombiano, la colombiana.
콩나물 los retoños de soja.
크기 el tamaño.
크로켓 la croqueta.
크림 [식용의] la nata.
큰새우 la langosta.
클러치 el embrague.
키 [열쇠] la llave; [배의] el timón.
킬로 el kilo, el kilogramo.
킬로그램 el kilogramo.

타(打) la docena.
타다 tomar.
　기차를 타다 tomar el tren.
　버스를 타다
　tomar el autobús.
　비행기를 타다
　tomar el avión.
　지하철을 타다
　tomar el metro.
　택시를 타다 tomar el taxi.

타월 la toalla.
타월걸이 el toallero.
탁자 la mesa.
탑승 el embarque.
탑승권 la tarjeta de embarque.
태어나다 nacer.
택시 el taxi.
   택시로 en taxi.
   택시 안에서 en el taxi.
   택시를 부르다 llamar un taxi.
   택시를 타다 tomar un taxi.
택하다 preferir.
탱크 el depósito.
터미널 la terminal.
   버스 터미널 la terminal de autobuses.
털털거리다 rechinar.
테이블 la mesa.
테일라이트 la luz trasera.
토마토 el tomate.
토산품 [여행지의 선물] el recuerdo.
토요일 el sábado.
토요일마다 todos los sábados.
통 el tarro; [필름의] el rollo.
   잼 두 통 dos tarros de mermelada.
통과 el tránsito.
통과객 el pasajero de tránsito.
통과 비자 el visado de tránsito.
통과 카드 la tarjeta de tránsito.
통과하다 pasar.
통로 el pasillo.
통로측 좌석 el asiento junto al pasillo.
통행료 el peaje.
퇴원하다 salir del hospital.
트랜시트 카드 la tarjeta de tránsito.
트럭 el camión.
트윈 la habitación con dos camas.
특별한 especial.
특별히 especialmente.
특제품 la especialidad.
특히 especialmente.
팁 la propina.
팁으로 de propina.

파마 la permanente.
파마하다 hacerse una permanente.
파슬리 el perejil.
파운드 la libra.
   영국 파운드 la libra esterlina.
파이 el pastel; ((요리)) la empanada.

파이프 la pipa.
파인더 el visor.
파인애플 ((과일)) la piña, el ananás.
판(版) la edición.
팔(八) ocho.
팔다 vender.
팔리다 venderse.
팔백 ochocientos.
팔십 ochenta.
팔월 agosto.
팔찌 el brazalete.
팬츠 los calzoncillos.
펑크 el pinchazo.
펑크가 나다 tener un pinchazo.
페소 el peso.
펜던트 el pendiente.
편(便) [정기 항공기의] el vuelo.
편도 la ida, el sencillo.
편도표 el billete de ida.
편지 la carta.
편지 정리함 el casillero de cartas.
포도 ((과일)) la uva.
포도주 el vino.
포크 el tenedor.
포장하다 empaquetar.
포터 el portero, el mozo.
포함된 incluido, da.
표 el billete.
표를 사다 sacar el billete.

표백 el blanqueo.
표백액 el blanqueo.
푸딩 el pudín, el budín.
푸른 azul.
풀코스 [식사] la comida completa.
풋 verde.
풋 강낭콩 la judía verde.
프랑스 ((나라)) Francia.
프런트 la recepción.
프로그래머 el programador.
프린터 la impresora.
플로피 디스크 el disco flexible.
필름 la película.
필요 la necesidad.
　필요한 necesario, ria.
　매우 필요하다 ser muy necesario.
　필요로 하다 necesitar.
필터 el filtro.

하나 uno.
하다 hacer.
하루 el día.
하루에 por día, al día.
학교 la escuela, el colegio.
학교에 가다 ir a la escuela.
한가하다 estar libre.

한국 Corea.
한국의 coreano, de Corea.
한국 사람 coreano, na.
한국 식당 el restaurante coreano.
한림원 la academia.
한 번 보다 echar un vistazo.
할 수 있다 poder.
할인 el descuento.
할인하다 descontar.
항(港) el puerto.
항공 la aviación.
항공권 el billete de vuelo; [중남미] el boleto de vuelo.
항공기 el avión.
항공로 la línea aérea, el servicio aéreo.
항공 우편 el correo aéreo.
항공 회사 las líneas aéreas.
항구 el puerto.
항상 siempre.
항해사 el oficial.
해야 한다 tener que+*inf.*, deber+*inf.*, hay que+*inf.*
해 주시다 hacer el favor de+*inf.*, tener la bondad de+*inf.*, tener la amabilidad de+*inf.*, servirse+*inf.*
핸드백 el bolso.
핸들 el volante.
햄 el jamón.

햄에그 el jamón y huevo.
행복한 feliz.
행선지 el destino.
행운 la suerte, la buena suerte.
행인 el transeúnte.
향료 la especia.
향신료 la especia.
향하다 dirigirse.
향해 가다 dirigirse.
허가하다 permitir.
허기 el hambre.
  심한 허기 el hambre canina.
헤어네트 la redecilla de los cabellos.
헤어드라이어 el secador del pelo.
헤어스타일 el (estilo de) peinado.
헤어 스프레이 el pulverizador para el cabello.
헤어 크림 la crema capilar.
헤어 토닉 el tónico capilar.
헤어핀 la horquilla.
헹구다 enjuagarse.
  입을 헹구다 enjuagarse la boca.
혀 la lengua.
현금 el efectivo, el dinero contante, el dinero contante y sonante, el dinero efectivo.
현금화하다 hacer efectivo.

현기증 el vértigo.
현문(舷門) el portalón.
현상 la revelación.
현상하다 revelar.
형제 el hermano.
호두 el nuez.
호박 ((식물)) la calabaza.
호박(琥珀) el ámbar.
호의 el favor.
호출 la llamada.
호텔 el hotel.
호텔 주인 el propietario del hotel.
혹은 o, u.
화려한 magnífico, ca.
화물 자동차 el camión:
 [소형] la camioneta.
화요일 el martes.
화요일마다 los martes.
화장실 el servicio, el baño.
화차 el vagón de mercancías.
확대 la ampliación.
확대경 la lupa.
확대하다 ampliar.
확인 la comprobación.
확인하다 confirmar.
환승 el transbordo, el cambio.
환승하다 hacer (el) transbordo.
환어음 la letra de cambio.
환율 el cambio.
환전상 el cambista, la cambista.

환전소 la casa de cambio, la oficina de cambio.
활주로 la pista.
회계 el cajero, la cajera.
횡단 보도 el paso de peatones.
후추 el pimiento.
후추 그릇 el pimentero.
훈제 연어 el salmón ahumado.
훌륭한 magnífico, ca.
훔치다 robar.
휴가 las vacaciones.
휴가로 de vacaciones.
휴대 전화 el móvil, el teléfono móvil;
 [중남미] el celular, el teléfono celular.
휴대품 예치소 el guardarropa, la consigna.
흑맥주 la cerveza fuerte, la cerveza negra floja.
흑백 필름 la película en blanco y negro.
흘깃 보기 el vistazo.
흘깃 보다 echar un vistazo.
흠 el pero.
흡연 금지 Prohibido fumar.
흡연차 el coche para fumar.
흰 blanco, ca.
흰색 el blanco, el color blanco.
히터 [난방 장치] el calefacción;
 [난방기] el calentador.

스페인어 → 한글

약자 풀이

adj. adjetivo 형용사.
adv. adverbio 부사.
art. artículo 관사.
conj. conjunción 접속사.
f. femenino 여성 명사.
f.pl. plural femenino 여성 복수.
inf. infinitivo 부정사.
interj. interjección 감탄사.
intr. verbo intransitivo 자동사.
m. masculino 남성 명사.
mf. masculino y femenino 남녀성 명사.
m.pl. plural masculino 남성 복수.
prep. preposición 전치사.
pron. pronombre 대명사.
tr. verbo transitivo 타동사.

a *prep.* 에게, 에, 로, 를.
abierto, ta *adj.* 열린.
abogado, da *mf.* 변호사.
abrir *tr.* 열다.
abrirse 열리다.
abuelo, la *mf.* 할아버지, 할머니.
acabar *intr., tr.* 끝나다, 끝내다.
acabar de+*inf.* 방금 …했다.
academia *f.* 아카데미, 한림원.
aceite *m.* 기름, 식용유.
aceptar *tr.* 받다, 받아들이다, 승인하다.
achacar *tr.* 덮어씌우다, 전가시키다.
ácido, da *adj.* [맛이] 신.
acostar *tr.* 눕히다.
acostarse ((재귀)) 눕다, 잠자리에 들다.
Adiós *interj.* 안녕히 가세요[계세요].
adónde *adv.* 어디에, 어디로.
aduana *f.* 세관.

183

aduanero, ra *mf.* 세관원.
aeropuerto *m.* 공항.
afeitado *m.* 면도.
afeitadora *f.* 면도기.
afeitadora eléctrica 전기 면도기.
agosto *m.* 8월.
agotarse ((재귀)) 고갈되다, 품절되다; 절판되다.
agradecido, da *adj.* 감사한.
　estar agradecido 감사하다.
ah *interj.* 아!
ahí *adv.* 거기.
ahora *adv.* 지금.
ahorro *m.* 저축, 저금.
ahorrar *tr.* 저축하다, 저금하다.
Alemania ((나라)) 독일.
algo *pron.* 어떤 것, 무엇인가; 약간.
algún *adj.* 어떤.
alguno, na *adj.* 어떤.
　-*pron.* [정해진 것 중의] 어떤 것.
allí *adv.* 저기, 거기.
almacén *m.* 창고, 백화점.
almorzar *intr.* 점심을 먹다.
almuerzo *m.* 점심.
amable *adj.* 친절한.
amar *tr.* 사랑하다.
amargo, ga *adj.* [맛이] 쓴.
amarillo, lla *adj.* 노란.

ámbar *m.* 호박(琥珀).
América *f.* 아메리카 (대륙).
amigo, ga *mf.* 친구.
amor *m.* 사랑.
Andalucía ((지명)) 안달루시아.
andar *intr.* 걷다.
antes *adv.* 전에.
　lo antes posible 되도록 빨리.
antiguo, gua *adj.* 오래된, 옛날의.
año *m.* 해, 연(年); 나이.
apariencia *f.* 외관, 외견.
apetito *m.* 식욕.
　Buen apetito. 많이 드십시오.
aprendiz, za *mf.* 견습생, 도제(徒弟).
apretar *tr.* 조이다, 꽉 끼다.
aprovechar *tr.* 이용하다.
　Que aproveche. 많이 드십시오.
aquél, lla *pron.* 저것.
　aquél mismo 바로 저기.
aquello *pron.* 저것.
Argentina ((나라)) 아르헨티나.
arreglar *tr.* 수리하다; 손질하다.
arroz *m.* 쌀; 쌀밥; 벼.
asado, da *adj.* 구운. -*m.* 불고기.
así *adv.* 그렇게, 이렇게, 저렇게.
asiento *m.* 자리, 좌석.
atenuar *tr.* 연하게 하다.
autobús *m.* 버스.

autoservicio *m.* 셀프서비스.
aventurarse ((재귀)) 모험하다.
averiado, da *adj.* 고장난.
avión *m.* 비행기.
avisar *tr.* 알리다.
ayer *adv.* 어제.
ayudar *tr.* 돕다.
ayudarse ((재귀)) 스스로 돕다.
azul *adj.* 푸른.

B

bajar *tr.* 내리다, 내려 주다.
banco *m.* 은행.
banquete *m.* 연회.
bañar *tr.* 목욕시키다.
bañarse ((재귀)) 목욕하다.
baño *m.* 목욕, 욕실; 목욕탕.
bar *m.* 바, 주점.
Barcelona ((지명)) 바르셀로나.
barra *f.* 막대기, 몽둥이, 봉.
bastante *adv.* 충분히. -*adj.* 충분한.
beber *tr.* 마시다.
bebida *f.* 마실 것, 음료.
  de bebida 음료로, 마실 것으로.
bicicleta *f.* 자전거.
bien *adv.* 잘.
billete *m.* 표, 티켓; 지폐.
  billete de ida 편도표.
  billete de ida y vuelta 왕복표.
  sacar el billete 표를 사다.
billetero *m.* 돈지갑.
bistec *m.* 비프스테이크.
blanco, ca *adj.* 흰, 하얀.
blusa *f.* 블라우스.
boleto *m.* [중남미] 표, 티켓.
bolso *m.* 핸드백.
bondad *f.* 친절.
  tener la bondad de+*inf.* …해 주시다.
bonito, ta *adj.* 예쁜.
botella *f.* 병(瓶).
  una botella de cerveza 맥주 한 병.
botón *m.* 단추.
botones *m.* 보이.
buen *adj.* [남성 단수 명사 앞에서] 좋은.
bueno, na *adj.* 좋은.
  Buenas noches. 안녕하십니까(밤 인사).
  Buenas tardes. 안녕하십니까(오후 인사).
  Buenos días. 안녕하십니까(오전 인사).
buscar *tr.* 찾다.

caber *intr.* 들어갈 수 있다.
cabeza *f.* 머리.
cada *adj.* 각각의.
cada uno 각자, 각인.
café *m.* 커피; 카페.
café con leche 밀크 커피.
café solo 블랙커피.
caja *f.* 상자, 갑.
calcetín *m.* 양말.
calle *f.* 거리.
callos *m.pl.* [안주용] 곱창.
calor *m.* 더위.
   hacer calor 날씨가 덥다.
   tener calor 몸이 덥다.
calzar *tr.* 신다.
cámara *f.* 사진기, 카메라.
   tienda de cámaras 카메라점.
camarero, ra *mf.* 종업원.
cambiar *tr.* 바꾸다, 교환하다; 갈아타다.
cambio *m.* 교환, 환전; 환율.
   casa de cambio 환전소.
camisa *f.* 와이셔츠.
camiseta *f.* 셔츠.
cana *f.* 백발, 흰머리.
canario, ria *adj.* 카나리아의.
   el cigarrillo canario 카나리아제 담배.
caramelo *m.* 캐러멜.

cargado, da *adj.* [커피 등이] 진한.
carne *f.* 고기.
carne de cerdo 돼지고기.
carne de vaca 쇠고기.
carné *m.* 증명서, 신분증.
carné de conducir 운전 면허증.
carnero *m.* 양고기.
carnicería *f.* 정육점.
carretilla *f.* 손수레.
carro *m.* 짐수레, 마차; 차, 자동차.
carta *f.* 편지.
cartera *f.* 지갑.
casa *f.* 집.
casado, da *adj.* 결혼한.
   estar casado 결혼했다.
casar *tr.* 결혼시키다.
casarse ((재귀)) 결혼하다.
castaño, ña *adj.* 밤색의.
Cataluña ((지명)) 카탈루냐.
catarro *m.* 카타르, 코감기.
catarro nasal 코감기.
catorce *m.* 열넷, 14.
   -*adj.* 열넷의, 14의.
cena *f.* 저녁밥.
cenar *intr.* 저녁밥을 먹다.
central *adj.* 중앙의, 중심의.
   -*f.* 본점, 본사, 중앙 우체국.
centro *m.* 중앙, 중심지.
cerca *adv.* 가까이.

cerca de …의 가까이.
cerrar *tr.* 닫다.
certificado *m.* 증명서.
certificado sanitario 예방 접종 증명서.
certificar *tr.* 등기로 보내다.
cerveza *f.* 맥주.
cerveza de barril 생맥주.
champú *m.* 샴푸.
champú corriente 보통 샴푸.
champú especial 특별 샴푸.
cheque *m.* 수표.
cheque de viajero 여행자 수표.
chile *m.* 고추.
chocolate *m.* 초콜릿.
cien *adj.* 100의.
cien mil 십만.
ciento *m.* 백, 100.
cigarrillo *m.* 궐련.
cinco *m.* 다섯.
cincuenta *m.* 오십, 50.
ciudad *f.* 도시.
claro, ra *adj.* 명확한, 명백한; 밝은.
    Claro (que sí). 물론이다.
    Claro que no. 물론 아니다.
clase *f.* 수업, 반, 교실.
cliente *mf.* 고객, 손님.
clínica *f.* 의원, 사립 병원, 병원.
clínica dental 치과 의원.
cocer *tr.* 요리하다, 삶다.

coche *m.* 자동차.
coche restaurante 식당차.
cólera *f.* 콜레라.
colgar *tr.* 걸다; 전화를 끊다.
    No cuelgue. 전화를 끊지 마세요.
coliflor *f.* 꽃양배추.
Colombia ((나라)) 콜롬비아.
color *m.* 색, 빛깔.
comestible *m.* 식료, 식료품.
comida *f.* 음식, 식사.
comida completa 풀코스.
comisaría *f.* 경찰서.
como *adv.* …처럼, … 같이.
cómo *adv.* 어떻게.
completo, ta *adj.* 완전한.
comprar *tr.* 사다.
comprobación *f.* 확인.
    hacer la comprobación 체크인하다.
con *prep.* … 와 함께, …을 넣은.
conducir *tr., intr.* 운전하다.
conferencia *f.* 회담; 회의; 의논.
confirmar *tr.* 확인하다.
conocer *tr.* 알다.
consigna *f.* 수하물 예치소.
contacto *m.* 접촉.
    ponerse en contacto 접촉하다.
continuación *f.* 계속.
    a continuación 계속해서.

continuar *tr.* 계속하다.
continuar+현재 분사 계속해서 …하다.
copa *f.* 잔.
 una copa de vino 포도주 한 잔.
copita *f.* 작은 잔.
cordero *m.* 새끼 양.
 cordero asado 양구이.
cordialmente *adv.* 진심으로.
Corea ((나라)) 한국.
coreano, na *adj.* 한국의.
 -*m.* 한글.
 -*mf.* 한국 사람.
correo *m.* 우편, 우편물; 우체국.
 correo aéreo 항공 우편.
 correo urgente 빠른우편, 지급 우편.
 por correo urgente 빠른우편으로.
corriente *adj.* 보통의.
cortar *tr.* 자르다.
cortarse ((재귀)) 자르다.
 cortarse las uñas 손톱을 자르다.
corte *m.* 자르기, 컷.
corte de pelo 머리 자르기, 이발.
corto, ta *adj.* 짧은.
cosa *f.* 물건, 것, 사물.
costar *intr.* 값이 …이다, 비용이 들다.
cotización *f.* 시세.
cotización oficial 공식 시세.
cuál *pron.* 어떤 것.
cuando *adv.* …할 때.
cuándo *adv.* 언제.
cuánto *adv.* 얼마.
 -*adj.* 얼마나 많은.
cuarenta *m.* 사십, 40. -*adj.* 40의.
cuarto, ta *adj.* 넷째의, 네 번째의.
 -*m.* 방, 넷째, 4분의 1, 15분.
cuarto de baño 욕실.
cuatro *m.* 넷, 4. -*adj.* 4의.
cuatrocientos, tas *adj.* 400의.
 -*m.* 400, 사백.
cubierto *m.* [호텔 등의] 정식.
cubrir *tr.* 덮다.
cuchara *f.* 숟가락.
cuchillo *m.* 칼, 나이프.
cuenta *f.* 계산, 계산서.
 cuenta corriente 당좌 예금.
 hacer la cuenta 계산을 하다.
cuerpo *m.* 몸, 신체.
 todo el cuerpo 온몸, 전신.
cuesta costar 동사의 직·현·3·단수.
curar *tr.* 치료하다.

D

daiquiri *m.* [쿠바의 칵테일] 다이끼리.
daño *m.* 상처; 해.
  hacer daño 아프게 하다.
dar *tr.* 주다.
  dar a [방이] …로 나다.
de *prep.* 의, 에서, 부터.
deber 빚지다.
deber+*inf.* …해야 한다.
deber de+*inf.* …임에 틀림없다.
declarar *tr.* 신고하다.
dedicarse ((재귀)) 종사하다.
dedo *m.* 손가락.
dejar *tr.* 두다, 남겨두다, 남기다.
  dejar la habitación 체크아웃하다.
delante *adv.* 앞에.
  delante de …의 앞에.
delicioso, sa *adj.* 맛있는.
demasiado *adv.* 너무, 지나치게.
  beber demasiado 과음하다.
  comer demasiado 과식하다.
dental *adj.* 이의.
dentro *adv.* 안에.
  dentro de …안에.
  dentro de poco 곧.
departamento *m.* 부(部), 매장; [기차의] 칸.
dependienta *f.* 여자 점원.
dependiente *mf.* 점원.
depósito *m.* 탱크; 기름 탱크.
derecha *f.* 오른쪽.
  a la derecha 오른쪽으로.
derecho, cha *adj.* 오른쪽의.
  –*adv.* 똑바로.
  Siga derecho. 똑바로 가십시오.
desabrido, da *adj.* 싱거운, 맛이 없는.
desayunar *intr.* 아침밥을 먹다.
desayuno *m.* 아침밥.
descansar *intr.* 쉬다, 휴식하다.
descontar *tr.* 깎아주다, 할인하다.
desde *prep.* 부터, 에서.
desear *tr.* 원하다, 바라다.
despertador *m.* 자명종.
detrás *adv.* 뒤에.
  detrás de …의 뒤에.
día *m.* 날, 낮, 하루.
  por día 하루에.
diamante *m.* 다이아몬드.
diccionario *m.* 사전.
  diccionario coreano-español 한서사전.
  diccionario español-coreano 서한사전.
  Diccionario de la Lengua Española 스페인어 사전.
diciembre *m.* 12월.

diente *m.* 이(齒).
diez *m.* 열, 10. —*adj.* 10의.
diferencia *f.* 차, 차이, 차액.
dinero *m.* 돈.
Dios *m.* 신(神), 하느님, 하나님.
dirigirse ((재귀)) 향하다, 향해 가다.
disco *m.* 레코드, 디스크.
  disco flexible 디스켓, 플로피 디스크.
distancia *f.* 거리.
  larga distancia 장거리.
doce *m.* 열둘, 12. —*adj.* 12의.
doctor, ra *mf.* 박사; 의사.
dólar *m.* [화폐 단위] 달러.
  dólar estadounidense 미화(美貨).
doler *intr.* 아프다.
  Me duele la cabeza. 나는 두통이다.
  Me duele la muela. 나는 치통이다.
  Me duele el estómago. 나는 복통이다.
dolor *m.* 아픔, 고통, 통증.
  tener dolor de cabeza 두통이다.
  tener dolor de estómago 복통이다.
  tener dolor de muela 치통이다.
domingo *m.* 일요일.
donde *adv.* … 곳(에).
dónde *adv.* 어디, 어디에.
  a dónde 어디로.
  de dónde 어디의, 어디에서.
  por dónde 어디로 해서.
dos *m.* 둘, 2. —*adj.* 2의.
doscientos, tas *adj.* 200의. —*m.* 200, 이백.
ducha *f.* 샤워.
ducharse ((재귀)) 샤워하다.
dulce *adj.* [맛이] 단.

E

echar *tr.* 던지다.
  echar un vistazo 흘깃 보다, 한 번 보다.
edición *f.* 판(版).
edificio *m.* 건물.
efectivo *m.* 현금.
  hacer efectivo 현금화하다.
efectos *m.pl.* 장신구.
  efectos personales 일상 용품.
embajada *f.* 대사관.
  Embajada de Corea 한국 대사관.
embajador, ra *mf.* 대사.
embarque *m.* 탑승, 선적.
emergencia *f.* 긴급, 비상 사태.

salida de emergencia 비상구.
empaquetar *tr.* 포장하다.
empastar *tr.* [이를] 충전하다.
empezar *tr.* 시작하다.
en *prep.* 에, 안에, 위에.
en blanco y negro 흑백의.
en seguida 즉시.
Encantado, da 처음 뵙겠습니다.
encendedor *m.* 라이터
encontrarse ((재귀)) 있다.
enero *m.* 1월.
enfermo, ma *adj.* 아픈.
  estar enfermo 아프다.
engañar *tr.* 속이다.
engastar *tr.* 박아넣다.
engordar *intr.* 살찌다.
enjuagarse ((재귀)) 헹구다.
enjuagarse la boca 입을 헹구다.
ensalada *f.* 샐러드.
entrada *f.* 입구; 입국.
entrar *intr.* 들어가다, 들어오다.
enviar *tr.* 보내다.
enviar dinero 송금하다.
equipaje *m.* 짐, 수하물.
equivocarse ((재귀)) 잘못 알다 [타다].
es ser(이다) 동사의 직·현·3·단수.
escalera mecánica *f.* 에스컬레이터.

escaparate *m.* 진열창, 쇼윈도.
escuela *f.* 학교.
ese, sa *adj.* 그.
ése, sa *pron.* 그것.
esmeralda *f.* 에메랄드.
eso *pron.* 그것.
  a eso de … 경에.
España ((나라)) 스페인, 서반아, 에스빠냐.
español, la *mf.* 스페인 사람.
  –*adj.* 스페인의.
  –*m.* 스페인어, 서반아어, 에스빠냐어.
especial *adj.* 특별한.
especialidad *f.* 전문.
especialmente *adv.* 특히, 특별히.
esperar *tr.* 기다리다; 바라다, 희망하다.
esquina *f.* 길모퉁이.
esta [지시 형용사 여성형] 이.
esta mañana 오늘 아침.
esta noche 오늘 밤.
esta tarde 오늘 오후
estación *f.* 역, 정거장; 계절.
Estados Unidos de América (los) 미국.
estanco *m.* 담배 가게.
estar *intr.* 있다, 이다.
estar bien 잘 있다; 잘 맞다.
este, ta *adj.* 이.

éste, ta *pron.* 이것.
esto *pron.* 이것.
euro *m.* [화폐 단위] 에우로, 유로, 유러화.
exceso *m.* 초과.
exceso de peso 중량 초과.
exquisito, ta *adj.* 별미의.
extraer *tr.* 빼다.
extraer una muela de arriba 윗어금니를 빼다.
extranjero, ra *adj.* 외국의.
　-*m.* 외국. -*mf.* 외국인.

F

fabricación *f.* 제조.
falta *f.* 잘못, 실수.
familia *f.* 가족.
farmacéutico, ca *mf.* 약제사.
farmacia *f.* 약국.
favor *m.* 호의, 친절.
　por favor 제발, 부디.
　hacer el favor de+*inf.* …해 주시다.
febrero *m.* 2월.
felicitar *tr.* 축하하다.
feliz *adj.* 행복한.
¡Feliz cumpleaños! 생일을 축하합니다.
fiebre *f.* 열, 열병.

filete *m.* 등심살.
fin *m.* 끝.
final *m.* 끝.
firmar *intr., tr.* 서명하다.
flojedad *f.* 느슨함; 약함, 이완.
forma *f.* 모양, 형.
foto *f.* 사진.
Francia ((나라)) 프랑스.
franqueo *m.* 우편 요금, 우편세.
franquicia *f.* 면세, 면제.
fresa *f.* ((과일)) 딸기.
fresa con nata 크림 바른 딸기.
fresco, ca *adj.* 싱싱한, 신선한.
frío *m.* 추위.
　hacer frío 날씨가 춥다.
　tener frío 몸이 춥다.
frito, ta *adj.* 튀긴.
fruta *f.* 과일, 과실.
frutería *f.* 과일 가게.
frutero, ra *mf.* 과일 장수.
fuera *adv.* 밖에.
funcionario, ria *mf.* 공무원; [우체국의] 직원.

G

gafas *f.pl.* 안경.
Galicia ((지명)) 갈리시아.
galleta *f.* 비스킷.
garganta *f.* 목구멍.

gasolinera *f.* 주유소.
generalmente *adv.* 대개, 보통, 일반적으로.
gracias *f.pl.* 감사; 감사하다.
gramo *m.* 그램.
Granada ((지명)) 그라나다.
grande *adj.* 큰, 위대한.
grandes almacenes 백화점.
gripe *f.* 독감, 유행성 감기.
guardar *tr.* 맡기다, 보관하다.
guardarse ((재귀)) 챙겨 넣다.
guardia *mf.* 경찰관.
Guatemala ((나라)) 과테말라.
guatemalteco, ca *mf.* 과테말라 사람.
gustar 좋아하다, 마음에 들다.
gusto *m.* 기쁨, 즐거움; 취미.
  con mucho gusto 기꺼이.
  Mucho gusto. 처음 뵙겠습니다.
  El gusto es mío. 저야 말로 (처음 뵙겠습니다).

haba *f.* 잠두, 누에콩.
habitación *f.* 방.
habitación doble 2인용 방.
habitación individual 1인용 방.
habitación libre 빈 방.

hablar *tr.* 말하다.
hacer *tr.* 하다; 만들다; 날씨가 …이다.
hacer transbordo 갈아타다, 환승하다.
hambre *f.* 공복, 배고픔.
hambre canina 심한 허기.
harto, ta *adj.* 배부른; 싫증난; 물린.
hasta *prep.* 까지.
hay 있다.
hecho, cha *adj.* 만들어진.
Hecho en Corea 한국제.
helado *m.* 아이스크림.
hermano, na *mf.* 형제, 자매.
hiel *f.* 쓸개즙; 고뇌.
hijo, ja *mf.* 아들, 딸.
hombre *m.* 남자; 사람.
hora *f.* 시간, 시(時).
  a la hora 정시에.
horario *m.* 시간표, 시각표.
horquilla *f.* 머리핀.
hospital *m.* 병원.
hotel *m.* 호텔.
hoy *adv.* 오늘.

ida *f.* 가기.
ida y vuelta 왕복.

193

billete de ida y vuelta 왕복표.
imitación *f.* 모조, 모조품.
importar *intr.* 관계가 있다.
　No importa. 상관없다, 관계없다.
imprimir *tr.* 인쇄하다.
impresora *f.* 프린터.
impuesto *m.* 세금.
incluido, da *adj.* 포함된.
　estar incluido 포함되어 있다.
indigestión *f.* 소화 불량.
inflamación *f.* 염증.
información *f.* 안내, 안내소.
Inglaterra ((나라)) 영국.
interior *adj.* 안의, 내부의.
internet *m.* 인터넷.
　por internet 인터넷으로.
intestinal *adj.* 장의, 창자의.
invitación *f.* 초대, 초청; 초청장, 초대장.
invitar *tr.* 초대하다, 초청하다.
inyección *f.* 주사.
　poner una inyección 주사를 놓다.
ir *intr.* 가다.
ir a+*inf.* …하려고 하다; …하러 가다.
ir andando 걸어가다.

Japón (el) ((나라)) 일본.
jersey *m.* 스웨터.
joya *f.* 보석.
joyería *f.* 보석상, 보석 가게.
joyero, ra *mf.* [사람] 보석상.
judía *f.* 강낭콩.
jueves *m.* 목요일.
julio *m.* 7월.
junio *m.* 6월.
junto *adv.* 함께.
junto a …의 옆에.

kilo *m.* 킬로, 킬로그램.
kilogramo *m.* 킬로그램.

la¹ *art.* [정관사 남성 단수] 그.
la² *pron.* 그녀를, 당신을, 그것을.
La Habana ((지명)) 아바나, 라 아바나.
lado *m.* 옆.
al lado de …의 옆에.
largo, ga *adj.* 긴.
lavado *m.* 감기, 씻기.

lavado de cabeza 머리 감기.
lavar *tr.* 씻다, 빨래하다; 감아 주다.
lavarse ((재귀)) (자기의) 몸을 씻다, 감다.
le *pron.* 그를, 당신을; 그에게, 그녀에게, 당신에게.
lechuga *f.* 상추.
lejos *adj.* 멀리.
lengua *f.* 언어; 혀.
León ((지명)) 레온.
les *pron.* 그들·그녀들·당신들에게.
libra *f.* [화폐 단위] 파운드; [무게 단위] 파운드.
libra esterlina 영국 파운드.
libre *adj.* 한가한; [장소가] 빈.
 estar libre 한가하다. [장소에] 사람이 없다.
librería *f.* 서점, 책방.
libro *m.* 책.
Lima ((지명)) 리마.
lista *f.* 리스트, 목록.
lista de platos 메뉴.
litro *m.* 리터.
llamada *f.* 호출, 전화.
 hacer una llamada 전화하다.
 Hay una llamada. 전화 왔다.
llamar *tr.* 부르다; 전화하다; 모닝콜하다.
llamar un taxi 택시를 부르다.

llamarse ((나라)) 이름이 …이다.
 Me llamo 내 이름은 …이다.
llave *f.* 열쇠.
llegada *f.* 도착.
llegar *intr.* 도착하다.
lleno, na *adj.* 가득찬.
 Estoy lleno. 많이 먹었습니다.
llevar *tr.* 가지고 가다.
lluvia *f.* 비(雨).
lo *pron.* 그것을.
lugar *m.* 장소.
 en lugar de … 대신에.
lunes *m.* 월요일.

M

madrugar *intr.* 일찍 일어나다.
maestro, tra *mf.* 명인, 명장; 선생, 스승.
magnífico, ca *adj.* 훌륭한, 화려한.
mal¹ *adj.* [남성 단수 명사 앞에서] 나쁜.
mal² *adv.* 나쁘게, 서툴게.
maldición *f.* 저주.
maldito, ta *adj.* 저주받은.
 ¡Maldita sea! 빌어먹을!
maleta *f.* 여행 가방.
malo, la *adj.* 나쁜.
manicura *f.* 매니큐어.

195

hacer manicura 매니큐어를 칠하다.
mano *f.* 손.
mantequilla *f.* 버터.
manzana *f.* ((과일)) 사과.
mañana *adv.* 내일. —*f.* 아침, 오전.
　esta mañana 오늘 아침.
　de la mañana 아침(의).
　por la mañana 오전에, 아침에.
mar *m.(f.)* 바다.
marca *f.* 마크, 상표.
marcar *tr.* [머리를] 세트하다; [전화의] 다이얼을 돌리다.
marchar *intr.* 행진하다.
marcharse ((재귀)) 떠나다.
marear *intr.* 멀미하다.
marearse ((재귀)) 멀미하다.
mareo *m.* 멀미.
marido *m.* 남편.
martes *m.* 화요일.
marzo *m.* 3월.
más *adj.* 더, 더 많은.
　—*adv.* 더, 더 많이.
matar *tr.* 죽이다.
matar la sed 갈증을 해소하다.
mayo *m.* 5월.
medalla *f.* 메달.
media *f.* 스타킹.
mediano, na *adj.* 중간의.

tamaño mediano 중간 크기.
medicamento *m.* 약.
medicina *f.* 약; 의학.
médico, ca *mf.* 의사.
medida *f.* 치수, 사이즈.
medio, día *adj.* 반. —*m.* 중간. —*f.* 30분.
　al medio 중간으로, 한가운데로.
mejor *adj.* 더 좋은.
　—*adv.* 더 좋게; 가장 좋게.
melón *m.* ((과일)) 참외, 멜론.
menos *adv.* 덜, 적게; [시간에서] 전.
　—*adj.* 더 적은.
menú *m.* 메뉴.
menú del día 오늘의 메뉴[정식].
mercado *m.* 시장.
mercería *f.* 양품점.
mermelada *f.* 잼.
mes *m.* 달.
　el mes pasado 지난 달.
　el mes próximo 다음 달.
　el mes que viene 다음 달.
mesa *f.* 탁자, 테이블; 책상.
metro *m.* 지하철, 지하철도.
México ((나라)) 멕시코.
mi *adj.* 나의.
mí *pron.* [전치사 다음에서] 나.
miel *f.* 꿀, 벌꿀.

miércoles *m.* 수요일.
mil *m.* 천, 1,000.
millón *m.* 백만.
minuto *m.* 분(分).
mirar *tr.* 바라보다.
mismo, ma *adj.* 같은.
　-*adv.* 바로, 당장, 자신.
momento *m.* 순간, 잠시.
　de momento 우선은.
　Espere un momento. 잠깐만 기다리십시오.
moneda *f.* 동전.
moño *m.* 올린 머리, 상투.
　hacer un moño 머리를 올리다.
morir *intr.* 죽다.
　morirse de …로 죽다.
mostrador *m.* 카운터.
mostrar *tr.* 보여주다.
móvil *m.* 휴대 전화, 핸드폰.
mucho, cha *adj.* 많은. -*adv.* 많이.
muela *f.* 어금니.
　muela de arriba 윗 어금니.
mujer *f.* 여자; 아내.
museo *m.* 박물관, 미술관.
muy *adv.* 매우, 무척, 대단히.

nacer *intr.* 태어나다, 낳다.
nacional *adj.* 국산의; 국가의; 국립의.
nacionalidad *f.* 국적.
nada *pron.* 아무것도 (…이 아니다).
　De nada. 천만에요.
naranja *f.* 오렌지, 귤; 오렌지색.
　-*adj.* 오렌지색의.
natural *adj.* 자연의, 천연의.
naturalmente *adv.* 자연히; 물론입니다.
náusea *f.* 구역질.
necesario, ria *adj.* 필요한.
necesitar *tr* 필요하다, 필요로 하다.
negro, gra *adj.* 검은.
ni *adv.* …도 (아니다).
ni … ni …도 …도 (아니다).
no *adv.* 아니다.
No hay de qué. 천만에요.
noche *f.* 밤.
　esta noche 오늘 밤.
　de la noche 밤(의).
　por la noche 밤에.
novecientos, tas *adj.* 900의.
　-*m.* 구백, 900.
noventa *m.* 구십, 90.
　-*adj.* 구십의, 90의.

noviembre *m.* 11월.
nueve *m.* 아홉, 9. -*adj.* 아홉의, 9의.
nuez *f.* 호두; 견과(堅果).
número *m.* 수, 숫자; 번호, 번지.
nunca *adv.* 결코 (…이 아니다).

o *conj.* 혹은, 그렇지 않으면.
objeto *m.* 물건.
objeto de valor 귀중품.
objeto perdido 유실물.
obra *f.* 일; 작품.
   obras completas 전집.
   Obra empezada, medio acabada. 시작이 반이라.
ochenta *m.* 팔십, 80.
   -*adj.* 팔십의, 80의.
ocho *m.* 여덟, 8.
   -*adj.* 8의, 여덟의.
ochocientos, tas *adj.* 900의.
   -*m.* 900, 구백.
octubre *m.* 10월.
ocupado, da *adj.* 바쁜, 분주한.
   estar ocupado 바쁘다.
ocuparse ((재귀)) 종사하다.
ocurrir *intr.* 생기다, 발생하다, 일어나다.
odre *m.* 양가죽 물부대.

oficial *adj.* 공식의, 공식적인.
oficina *f.* 사무실, 사무소.
oficina de correos 우체국.
oficina de objetos perdidos 유실물 센터.
oído *m.* 청각, 귀.
olvidar *tr.* 잊다, 망각하다.
once *m.* 열하나, 11.
   -*adj.* 11의, 열하나의.
ondulado, da *adj.* 곱슬곱슬한.
ordenador *m.* 컴퓨터.
ordenador portátil 노트북 컴퓨터.
ordinario, ria *adj.* 보통의.
oscuro, ra *adj.* 어두운.
otro, tra *adj.* 다른.
   otra cosa 다른 것.
   otra vez 다시, 또.

padre *m.* 아버지; 신부님.
padres *mpl.* 부모.
paella *f.* ((요리)) 빠에야.
pagar *tr.* 지불하다.
pan *m.* 빵.
   un barra de pan 빵 한 개.
pañuelo *m.* 손수건.
papa *f.* [중남미] 감자.
papá *m.* 아빠.

paquete *m.* 갑; 소포.
  un paquete de cigarrillos 담배 한 갑.
  hacer un paquete 소포를 만들다, 포장하다.
par *m.* 쌍, 짝, 한 쌍; 켤레.
  un par de días 2일.
  un par de calcetines 양말 한 켤레.
  un par de guantes 장갑 한 켤레.
  un par de medias 스타킹 한 켤레.
  un par de zapatos 구두 한 켤레.
para *prep.* …을 위하여, …용.
parecer *intr.* 생각하다, … 같다.
parque *m.* 공원.
parte *f.* 부분; 곳, 장소.
pasado mañana 모레.
pasaje *m.* 여비.
pasaporte *m.* 여권.
pasaporte nuevo 새 여권.
pasar *intr., tr.* 지나가다, 들리다; 들어오다; [일이] 발생하다, 생기다.
Pase 들어오세요.
pastelería *f.* 제과점.
pastilla *f.* 알약, 정제.
patata *f.* 감자.
patata frita 튀긴 감자.

pedir *tr.* 주문하다.
pedir hora 시간을 예약하다.
peinar *tr.* 빗다, 빗어 주다.
peinarse ((재귀)) (자신의 머리를) 빗다.
película *f.* 영화; 필름.
película en blanco y negro 흑백 필름.
película española 스페인 영화.
pelo *m.* 머리카락.
peluquería *f.* 이발소, 미장원.
pequeño, ña *adj.* 작은.
pera *f.* ((과일)) 배.
perder *tr.* 잃다, 놓치다, 손해 보다.
perderse ((재귀)) 길을 잃다, 잃어버리다.
perdido, da *adj.* 잃은, 놓친.
perdonar *tr.* 용서하다.
Perdone 용서하십시오, 죄송합니다.
perfectamente *adv.* 완전히; 알았습니다.
perfecto, ta *adj.* 완전한, 완벽한.
periódico *m.* 신문.
permanente *f.* 파마.
  hacerse una permanente 파마하다.
permitir *tr.* 허가하다, 허락하다.
pero¹ *conj.* 그러나.
pero² *m.* 흠, 결점.

personal *adj.* 개인의.

pescado *m.* 생선.

peso *m.* [화폐 단위] 뻬소, 페소; 무게, 중량.

pez *m.* 물고기.

picante *adj.* [맛이] 매운.

picar *intr.* 쏘다, 찌르다.

pico *m.* [수사와 함께] 조금, 소량.
　Son las diez y pico. 10시 조금 넘었다.

pie *m.* 발.
　a pie 걸어서.

pinchazo *m.* 펑크.
　tener un pinchazo 펑크가 나다.

piña *f.* ((과일)) 파인애플.

piso *m.* 층.
　tercer piso 4층.

plátano *m.* 바나나.

plato *m.* 접시; 요리.

plaza *f.* 광장; 좌석.

poco *adj.* 적은.
　un poco 약간
　un poco de 약간의.

policía *f.* 경찰. -*mf.* 경찰관.

poner *tr.* 놓다; 입히다, 신기다.

ponerse ((재귀)) 입다, 신다, 끼다, 쓰다.

por *prep.* 때문에, 의하여, 를 통해서, 동안.

posible *adj.* 가능한.
　lo antes posible 되도록 빨리.

postal *f.* 엽서.

postre *m.* 디저트.
　de postre 디저트로.

precio *m.* 값, 가격.

preferir *tr.* 택하다, 좋아하다.

preocuparse ((재귀)) 걱정하다.
　No se preocupe. 걱정하지 마세요.
　No te preocupes. 걱정하지 마라.

presentar *tr.* 소개하다.

primero, ra *adj.* 첫째의.
　-*m.* 첫째; 1일, 첫 날.
　-*adv.* 처음에, 첫째로.
　primera clase 1등.

primo, ma *mf.* 사촌.

prisa *f.* 급함, 조급함.
　darse prisa 서두르다.
　tener prisa 급하다, 시간이 없다.

probar *tr.* 맛보다.

probarse ((재귀)) 신어 보다, 입어 보다.

profesión *f.* 직업.

profesor, ra *mf.* 교수, 선생.

programador, ra *mf.* 프로그래머.

pronto *adv.* 빨리.

propenso, sa *adj.* …하는 경향이

있는; 곧잘 …하는.
propina *f.* 팁.
  de propina 팁으로.
propósito *m.* 목적.
  a propósito 그런데.
provecho *m.* 이익.
  Buen provecho. 많이 드십시오.
próximo, ma *adj.* 다음의.
  el próximo autobús 다음 버스.
  el próximo avión 다음 비행기.
  el próximo tren 다음 열차.
puente *m.* 다리, 교량.
  poner un puente [이를] 씌우다.
puerta *f.* 문, 게이트.
puerto *m.* 항구.
puntada *f.* 땀, 바늘땀.
punto *m.* 점.
en punto 정각.

Q

que *pron.* [관계 대명사] …하는.
que+*inf.* …해야 할.
el que …하는 사람.
lo que …하는 것.
  –*conj.* …을, …라는 사실을.
qué *pron.* 무엇. –*adj.* 무슨.
quedar *intr.* 남다.
quedarse ((재귀)) 머물다, 있다.
querer *tr.* 원하다, 바라다; 사랑하다.
querer+*inf.* …하고 싶다.
Querer es poder. 정신일도 하사불성(精神一到何事不成). 뜻 있는 곳에 길이 있다. 뜻은 이루어진다.
quien *pron.* …하는, …하는 사람.
quién *pron.* 누구.
quilate *m.* 캐럿.
quince *m.* 열다섯, 15. –*adj.* 15의.
quinientos, tas *adj.* 500의.
  –*m.* 500, 오백.
quitarse ((재귀)) 벗다.
  quitarse la ropa 옷을 벗다.

R

rábano *m.* ((식물)) 무.
ración *f.* 몫; 1인분.
rápido, da *adj.* 빠른.
  –*m.* 급행, 급행 열차.
rato *m.* 잠깐.
raya *f.* 가르마.
  hacer raya 가르마를 타다.
razón *f.* 이유; 이성.
  tener razón 옳다.
real *adj.* 왕의, 왕립의.
recepción *f.* 프런트.
receta *f.* 처방전.
rechinar *intr.* 털털거리다.

● 201

recuerdo *m.* 토산품, 기념품.
recuerdos *mpl.* 안부.
reir *intr.* 웃다.
reloj *m.* 시계.
relojería *f.* 시계방, 시계포.
reserva *f.* 예약.
reservar *tr.* 예약하다.
 reservar hora 시간을 예약하다.
resfriado, da *adj.* 감기 걸린.
 −*m.* 감기.
 estar resfriado 감기 걸려 있다.
 tener resfriado 감기 걸려 있다.
respuesta *f.* 대답
 No hay respuesta. 전화를 받지 않는다.
restaurante *m.* 식당
restaurante chino 중국 식당
restaurante coreano 한국 식당
restaurante español 스페인 식당
revelado *m.* 현상(現像).
revelar *tr.* 현상하다.
revisor *m.* [열차의] 차장, 검표원.
rico, ca *adj.* 부유한; 맛있는.
rodilla *f.* 무릎.
rojo, ja *adj.* 붉은.
rollo *m.* 두루마리; [필름의] 통.

ron *m.* 럼, 럼주.
ropa *f.* 옷, 의류.
ropa interior 내복.
ruido *m.* 소음; 시끄러움.

sábado *m.* 토요일.
saber *tr.* 알다.
saber a … 맛이 나다.
sabroso, sa *adj.* 맛있는.
sacapuntas *m.* 연필깎이.
sacar *tr.* 꺼내다; 사다.
 sacar el billete 표를 사다.
salchicha *f.* 소시지.
salida *f.* 출발; 출구.
salir *intr.* 나가다, 나오다; 출발하다.
 salir del hospital 퇴원하다.
salsa *f.* 소스.
sandía *f.* ((과일)) 수박.
santo, ta *mf.* 성인.
Segovia ((지명)) 세고비아.
seguir *intr.* 따라가다, 계속하다.
segundo, da *adj.* 둘째의, 두 번째의.
 −*m.* 둘째, 두 번째.
 −*adv.* 둘째, 둘째로, 두 번째로.
seis *m.* 여섯, 6.
sello *m.* 우표.

semana *f.* 주(週).
　la semana pasada 지난 주.
　la semana próxima 다음 주.
　la semana que viene 다음 주.
sentar *tr.* 앉히다.
　sentar bien 잘 맞다.
sentarse ((재귀)) 앉다.
sentir *tr.* 느끼다, 미안해 하다, 섭섭하다, 유감이다, 안됐다.
　Lo siento. 미안합니다, 유감입니다, 섭섭합니다, 안됐습니다.
señor *m.* 씨, 선생.
señora *f.* 부인, 여사.
señorita *f.* 아가씨, 양.
ser *intr.* 이다.
servicio *m.* 봉사, 서비스.
servir *intr.* 봉사하다.
servirse ((재귀)) 들다, 먹다, 나오다.
　servirse+*inf.* …해 주시다.
sesenta *m.* 육십, 60.
　-*adj.* 60의.
setenta *m.* 칠십, 70.
　-*adj.* 70의.
Seúl ((지명)) 서울.
si *adv.* 예.
siete *m.* 일곱, 7.
　-*adj.* 일곱의, 7의.
siempre *adv.* 항상, 늘, 언제나.
sopa *f.* 수프, 국.

sopa de pescado 생선 수프.
sortija *f.* 반지.
subir *tr.* 올리다; 오르다.
suerte *f.* 운, 행운.
　tener suerte 운이 있다.
　tener mala suerte 운이 나쁘다.
　tener mucha suerte 운이 좋다.
　Buena suerte. 안녕히 가십시오; 잘 다녀 오세요.
　Mucha suerte. 운이 좋으십니다.
suponer *tr.* 상상하다, 생각하다.
surtido *m.* 재고품.
suyo *pron.* 당신 [그·그녀]의 것; 그들 [그녀들·당신들]의 것.

tabaco *m.* 담배.
tabaco negro 독한 담배.
tabaco rubio 순한 담배.
tableta *f.* 정제, 알약.
tacón *m.* 굽.
tacón alto 높은 굽.
tacón bajo 낮은 굽.
tamaño *m.* 크기, 사이즈.
tamaño grande 큰 사이즈.
tamaño mediano 중간 사이즈.

tamaño pequeño 작은 사이즈.
también 역시, 또한.
taquilla *f.* 매표소; 표 파는 곳.
taquillero, ra *mf.* 매표원.
tardar *intr.* 늦다.
tardarse ((재귀)) (시간이) 걸리다.
tarde *adv.* 늦게. –*f.* 오후.
   de la tarde 오후(의).
   por la tarde 오후에.
tarjeta *f.* 카드; 명함.
tarjeta de embarque 탑승권.
tarjeta postal 우편엽서.
tarro *m.* 통.
   un tarro de mermelada 잼 한 통.
taxi *m.* 택시.
   en taxi 택시로, 택시를 타고.
   en el taxi 택시 안에서.
taza *f.* 잔.
   una taza de café 커피 한 잔.
tela *f.* 천.
telefonear *intr.* 전화하다.
telefonista *mf.* 전화 교환원.
teléfono *m.* 전화, 전화기.
   teléfono celular ((중남미)) 휴대 전화.
   teléfono móvil 휴대 전화, 휴대폰.
   teléfono público 공중전화.
   llamar por teléfono 전화하다.
temer *tr.* 두려워하다, 걱정하다.
temprano *adv.* 일찍.
tenedor *m.* 포크.
tener *tr.* 가지다.
   tener … años …살이다, 나이가 …이다.
   tener que+*inf.* …해야 한다.
   tener calor 몸이 덥다.
   tener dolor 아프다.
   tener dolor de cabeza 두통이다.
   tener dolor de espalda 요통이다.
   tener dolor de estómago 복통이다.
   tener dolor de garganta 목이 아프다.
   tener dolor de muela 치통이다.
   tener frío 몸이 춥다.
   tener hambre 배고프다, 시장하다.
   tener prisa 급하다, 시간이 없다.
   tener sed 목마르다, 갈증 난다.
   tener suerte 운이 있다.
tengo 나는 가지고 있다.
tentar *tr.* 꼬드기다, 유혹하다.
tercer *adj.* 셋째의, 세 번째의.

tercero, ra *adj.* 셋째의, 세 번째의.
　-*m.* 셋째, 세 번째.
terminal *f.* 터미널.
terminal de autobuses 버스 터미널.
terminar tr., *intr.* 끝내다, 끝나다.
tiempo *m.* 시간, 때; 날씨.
　a tiempo 제시간에.
　mucho tiempo 오래, 오래동안.
tienda *f.* 가게, 상점; 천막.
tienda de cámaras 카메라점.
tienda de comestibles 식료품가게.
tiene tener 동사의 직·현·3·단수.
tinta *f.* 잉크.
tinte *m.* 염색.
　dar un tinte 염색하다.
tirar *tr.* 던지다; 발사하다
　tirar copias 인화하다.
tirita *f.* 반창고.
　una caja de tiritas 반창고 한 갑.
tobillo *m.* 발목.
todavía *adv.* 아직.
todo, da *adj.* 모든. -*adv.* 모두.
　-*pron.* 모든 것; 모든 사람.
　todo el día 온종일.
　todos los días 매일, 날마다.
Toledo ((지명)) 똘레도.
tomar *tr.* 먹다, 마시다; 돌다, 꺾어지다.
　tomar el avión 비행기를 타다.
　tomar el autobús 버스를 타다.
　tomar el desayuno 아침밥을 먹다.
　tomar el taxi 택시를 타다.
　tomar el tren 기차를 타다.
tomate *m.* 토마토.
tono *m.* 색조.
torcedura *f.* 삠, 접질림.
torcerse ((재귀)) 삐다, 접질리다.
trabajar *intr.* 일하다.
trabajo *m.* 일; 일터, 직장.
traer *tr.* 가져오다.
tragaperras *f.* 자동 판매기.
traje *m.* 옷, 양복.
traje hecho 기성복.
tranquilo, la *adj.* 조용한, 고요한.
transbordo *m.* 환승, 갈아타기.
　hacer (el) transbordo 환승하다.
transeúnte *mf.* 행인.
transferencia *f.* 대체(對替).
transferir *tr.* 대체(對替)하다.

trece *m.* 열셋, 13. -*adj.* 13의.
treinta *m.* 삼십, 30. -*adj.* 30의.
tremendo, da *adj.* 심한, 지독한, 굉장한.
tren *m.* 기차.
tres *m.* 셋, 3. -*adj.* 3의.
trescientos, tas *adj.* 300의. -*m.* 300, 삼백.
tú *pron.* 너, 자네, 당신.

U

último, ma *adj.* 마지막의.
último día 마지막 날, 말일.
un *art.* [남성 부정 관사] 하나의, 어떤.
una *art.* [여성 부정 관사] 하나의, 어떤.
uña *f.* 손톱.
arreglar las uñas 손톱을 손질하다.
universidad *f.* 대학교.
uno *m.* 하나, 1. -*adj.* 하나의.
uso *m.* 사용.
uso personal 개인 사용.
usted *mf.* 당신, 귀하.

V

vacaciones *f.pl.* 휴가, 방학.
de vacaciones 휴가차, 방학으로.
vacuna *f.* 접종, 예방 주사.
vacunar *tr.* 접종하다, 예방 주사를 놓다.
vacunarse ((재귀)) 접종하다, 예방 주사를 맞다.
valer *intr.* 값이 …이다.
¡Válgame Dios! 엄청나군요, 맙소사.
valor *m.* 가치, 값.
objeto de valor 귀중품.
vamos 우리는 간다.
Vamos a+*inf.* …합시다; 우리는 …하러 간다; 우리는 …하려고 한다.
varios, rias *adj.* 여러 가지의.
varios cigarrillos 여러 가지 담배.
vencer *tr.* 극복하다.
vender *tr.* 팔다.
venderse ((재귀)) 팔리다.
venir *intr.* 오다.
venir bien 적당하다.
ventana *f.* 창, 창문.
ventanilla *f.* 창구.
ver *tr.* 보다, 만나다.
verse ((재귀)) 서로 만나다.

verdad *f.* 진실, 사실.
¿verdad? 그렇지요?; 그렇군요.
verde *adj.* 녹색의; 풋.
　judía verde 풋 강낭콩.
verdulería *f.* 야채 가게.
verdura *f.* 야채, 채소.
vértigo *m.* 현기증.
　sentir vértigo 현기증을 느끼다.
vez *f.* 배; 번.
　dos veces 두 번.
viajar *intr.* 여행하다.
viaje *m.* 여행.
　Buen viaje. 좋은 여행이 되십시오; 잘 다녀 오십시오; 안녕히 가십시오.
viajero, ra *mf.* 여행가, 여행자.
viento *m.* 바람.
viernes *m.* 금요일.
vino *m.* 술, 포도주.
vino blanco 백포도주.
vino chileno 칠레산 포도주.
vino tinto 적포도주.
visita *f.* 방문.
visitante *mf.* 방문객, 방문자.
visitar *tr.* 방문하다.
　vistazo *m.* 흘긋 보기, 한 번 보기.
echar un vistazo 흘긋 보다, 한 번 보다.
volar *tr., intr.* 날다, 비행하다.

volver *intr.* 돌아오다, 돌아가다.
voy 나는 간다.
vuelo *m.* 비행; 편(便).
vuelta *f.* 돌아오기, 돌아가기; 거스름돈.
　La vuelta para usted. 거스름돈은 필요없습니다.

whisky *m.* 위스키.

y 와, 과, 그리고; 그러면.
ya *adv.* 이미.
yo *pron.* 나.
　Yo te amo. 나는 너를 사랑한다.

zapatero, ra *mf.* 양화점 주인, 구두 수선공.
zapatería *f.* 양화점; 구두 수선소.
zapato *m.* 구두.
　un par de zapatos 구두 한

켤레.
zápiro *m.* 사파이어.
zona *f.* 지역, 지대.
zona franca 무관세 지역.
zona libre 무관세 지역.
zoo *m.* 동물원.
zoológico, co *adj.* 동물의.
  jardín zoológico 동물원.
zumbar *intr.* 윙윙 울리다.
  Me zumban los oídos. 귀가 윙윙 울린다.